**어제의
기분으로 오늘을
살지 마라**

KANJOTEKI NI NARANAI HON
Copyright © 2020 by Hideki WADA
All rights reserved.
First original Japanese edition published by PHP Institute, Inc., Japan.
Korean translation rights arranged with PHP Institute, Inc.
through Danny Hong Agency.

이 책의 한국어판 저작권은 Danny Hong Agency를 통한
PHP Institute, Inc.사와의 독점계약으로 (주)스몰빅미디어에 있습니다.
저작권법에 의해 한국 내에서 보호를 받는 저작물이므로 무단전재와 복제를 금합니다.

어제의 기분으로 오늘을 살지 마라

예민한 사람들을 위한
신경 끄기의 기술

와다 히데키 지음
전선영 옮김

달콤북스

프롤로그

스쳐지나갈 기분 때문에 삶을 망치지 마세요

마음이 푸른 하늘에 둥실 떠 있는 흰 구름 같다면 얼마나 편안할까요? 그러면 좋아하는 사람들과 행복한 시간을 보내는 데만 집중할 수 있을 텐데 말이죠.

또 마음이 퐁퐁 솟아나는 맑은 샘물 같다면 하루하루가 얼마나 산뜻할까요? 누구를 만나도 밝게 인사하고, 선뜻 기분 좋은 말을 건넬 수도 있을 것 같죠.

하지만 현실은 그리 간단하지 않습니다. 현실을 살아내는 우리의 기분은 좋을 때보다 나쁠 때가 더 많기 때문이죠. 지하철을 타도, 회사에 가도, 심지어 집으로 돌아오는 길에서도 온갖 감정이 우리를 괴롭힙니다. 특히 걱정, 불안, 분노, 불만 등의 부정적인 감정은 우리의 일상과 떼려야 뗄 수 없죠.

이렇게 부정적인 감정이 온종일 마음속에 쉴 새 없이 요동치니, 온전히 기분 좋은 하루를 보내는 건 하늘의 별 따기처럼 어려워 보입니다. 아니, 온전히 기분 좋은 하루를 보내는 것까지는 바라지도 않습니다. 나쁜 기분을 느끼더라도, 이것을 금방 툭 털어낼 수 있다면 그것만으로도 인생이 한결 편안해지지 않을까요?

실제로 많은 사람들이 3초 동안 느낀 기분으로 3일을 살아가는 것 같습니다. 잠깐이면 사라질 감정에 발목 잡혀 긴 시간을 망치고 있는 것이지요. 사소한 실수 하나로 밤새 잠을 설치고, 스치듯 들은 타인의 말 한마디를 온종일 곱씹으며 의도를 해석하려 애씁니다. 불편한 사람을 마주친 뒤에는 내내 언짢은 표정을 지으며 하루를 보내기도 하지요.

인간이 감정의 동물인 이상, 아예 부정적인 감정을 느끼지 않고 사는 건 불가능합니다. 하지만 연습을 통해 그 감정을 가볍게 털어낼 수는 있어요. 그러면 기분 나쁜 일은 금세 잊고 하루를 마음 편하게 보낼 수 있을 겁니다.

어떻게 하면 안 좋은 기분을 털어낼 수 있을까요? 가장 쉬운 방법은, 감정이 올라오는 상황을 미리 인지하고, 그 상황이 닥치면 바로 도망치는 겁니다. 예를 들어 상대가 비아냥대기 시작하면 그 자리를 피하거나, '넌 그렇게 생각하는구나' 하고 넘겨 버리는 거죠.

"뭐야, 고작 그거야?" 하실 수도 있지만 의외로 효과가 좋습니다. 욱하는 상황에서는 자신을 기분 나쁘게 한 상대에게 무심코 맞서기 마련인데, 그러면 기분이 풀리긴커녕 더 안 좋아지거든요. 요컨대 내 소중한 감정과 시간을 낭비하고 싶지 않다면, 내 기분을 상하게 만든 사람을 상대하지 않는 게 오히려 가장 현명한 방법이 될 수 있다는 겁니다.

이 책은 거기에서 한 걸음 더 나아가 다양한 상황에서 부정적인 감정을 이겨낼 수 있는 특별한 방법들을 알려 드리려 합니다. 물론 모든 상황에 일률적으로 적용하기는 어렵겠죠. 그래도 무방비한 상태로 있는 것보다는 어떤 식으로 대응하는 게 좋을지 미리 알아두면 조금이나마 마음에 여유가 생길 겁니다.

그런데도 만약 기분이 나쁜 상태가 해소되지 않는다면 어떻게 해야 할까요?

어떤 사람은 불쾌한 상황이 발생한 후, 한참이 지났는데도 속으로만 끙끙 앓으며 불안에서 벗어나지 못합니다. 남들 모르게 마음속에 분노를 담아놓고, 그런 자신이 너무 소심하다며 자책하기도 하죠. 그렇게 감정을 쌓아두기만 하면 언젠가 결국 폭주해서 분노를 쏟아내게 될 수도 있습니다.

이렇게 감정이 완전하게 해소되지 못하면 새롭게 좋은 일이 생겨도 좀처럼 기뻐하지 못합니다. 나쁜 감정으로 가득 차버린 마음에 좋은 감정이 들어설 자리는 없을 테니까요. 어제의 나쁜 기분이 오늘의 좋은 일까지 망쳐버릴 수 있다는 거죠. 행복하게 살기에도 짧은 인생인데, 부정적인 기분의 연쇄 작용으로 인생을 낭비하게 된다는 건 너무 안타깝지 않나요?

그래서 이 책에서는 감정을 쓱 흘려보내는 방법에 더해, 아무리 피하려 애써도 피할 수 없는 부정적인 감정을 적극적으로 해소하는 기술도 함께 다룹니다. 그중에는 제가 직접 경험으로 익힌 기술도 있고, 정신의학의 관점에서 찾아낸 기술도 있어요. 어느 쪽이든 마음을 평온하게 유지하는 데 효과적인 도움을 줄 거예요.

모쪼록 여러분이 좋은 기분으로 행복한 하루를 보내길 바라는 마음을 담아 이 책을 썼습니다. "매일 행복할 수는 없지만 행복한 일은 매일 있다"라는 말처럼, 이 책이 여러분의 인생을 조금이라도 더 편안하고 기분 좋게 만든다면 정말 기쁠 겁니다.

차례

프롤로그 스쳐지나갈 기분 때문에 삶을 망치지 마세요 ... 004

1장
감정에 휘둘리지 않는 기술

타인이 던진 미끼를 물지 마라	018
감정은 내버려두면 잠잠해진다	022
나쁜 감정을 밀어내야 좋은 감정이 쌓인다	026
내가 바꿀 수 있는 것에 집중하라	030
기대가 크면 실망도 크다	033
목적지에 도달하는 길은 하나가 아니다	037

2장
무례한 사람에게 우아하게 대처하는 기술

나도 모르게 욱하는 이유	042
남들도 나를 참아주고 있다	045
기분이 태도가 되지 않게 하라	047
가끔은 옳은 말이 더 상처를 준다	050
수준 차이 나는 사람과 다투지 마라	052
자존심이 밥 먹여주지 않는다	055
화는 참지 말고 흘려보내라	058
다툼을 한 번에 멈추는 '마법의 말'	061
한 걸음 물러나면 편해진다	064
웃는 얼굴에도 화가 날 수 있다	067
말이 안 통하는 사람과 다투지 마라	069
결국 무심한 사람이 이긴다	071
타인의 기분까지 책임지지 마라	074
나부터 챙겨야 타인에게 관대해진다	077

3장
생각의 꼬리를 자르는 기술

걱정에게 먹이를 주지 마라	080
지금 할 수 있는 것만 생각하라	083
마음의 바깥으로 시선을 돌려라	085
몸이 움직이면 마음도 움직인다	088
엉덩이를 가볍게 하는 '아무튼' 법칙	090
마음을 산뜻하게 하는 '일단은' 법칙	093
계획대로 흘러가는 인생은 없다	096
감정이 한곳에 고이지 않게 하라	099
마음이 답답할 땐 사람을 만나라	102
떠오르는 생각을 다 믿지 마라	105
악의가 느껴지면 흘려들어라	108
가슴을 쫙 펴면 못 할 일이 없다	111

4장
그때그때 가볍게 사는 기술

숙성되는 것과 썩는 것은 한 끗 차이다	114
똑똑한 사람일수록 확신하지 않는다	117
세상을 흑과 백으로 나누지 마라	120
너무 잘하려고 애쓰지 마라	123
서툰 사람이 오히려 행복하다	126
결국 다 지나간다는 사실을 기억하라	128
무조건 좋은 사람도, 나쁜 사람도 없다	130
단정 짓지 않으면 마음이 편해진다	132
인간관계에도 무죄추정이 필요하다	134
생각이 다르다고 적으로 생각하지 마라	136
내 마음이 위험하다는 3가지 신호	138
인생이 가벼워지는 '80퍼센트' 법칙	140

5장
어떤 상황에서도 침착함을 유지하는 기술

누구나 사소한 공황을 겪는다	144
최악의 시나리오를 쓰지 마라	147
언제든 다시 일어설 수 있다	150
괴로워할 시간에 해결책을 찾아라	152
냉정을 되찾는 '지금은 일단' 사고법	154
황소처럼 달려들면 살짝만 비켜 서라	157
100점을 기대하면 90점에도 화가 난다	160
행동이 없으면 변화도 없다	163
실패를 떠올리면 성공에서 멀어진다	165
수학적 확률에 내 인생을 맡기지 마라	167
타인의 시선에서 나를 바라본다	169

6장
망설이지 않고 행동하는 기술

바꿀 수 없는 것은 그냥 내버려둔다	172
나를 가로막는 건 언제나 나다	175
'만약'이라는 단어를 인생에서 버린다	178
안 하는 것보다 하는 게 무조건 낫다	180
잘 되면 좋고, 아니면 말고	182
할 수 있는 만큼만 하면 된다	185
인생에 정답은 없다 선택만 있을 뿐	187
일단 해 보면 무엇이든 해결된다	189
결과를 알고 싶다면 시도부터 해라	192
인생은 작은 담력 시험의 반복이다	195

7장
사소한 일로 끙끙대지 않는 기술

긍정적으로 받아들이면 못할 일이 없다	198
당신은 당신이 생각한 것보다 강하다	201
필요 이상의 사과는 하지 마라	204
가끔은 약한 모습을 보여도 괜찮다	207
타인의 생각을 지레짐작하지 마라	209
생각만으로는 아무것도 변하지 않는다	212
행복도 불행도 내 손안에 있다	214
마음에도 환기가 필요하다	216
비가 그친 뒤엔 반드시 해가 뜬다	218

에필로그 220

1장

감정에
휘둘리지 않는 기술

타인이 던진 미끼를
물지 마라

저는 뭐든 쉽게 단정 짓는 사람들 때문에 자주 감정이 상하곤 했습니다.

예를 들어 제가 SNS에 어떤 글을 올리면 '아무것도 모르면서 말이 많네', '이 사람 머리 진짜 나쁜가 보다', '편견으로 똘똘 뭉쳤네' 등의 악의적인 댓글을 남기는 사람들이 있습니다. 제가 올린 글 하나로 저라는 사람을 쉽게 단정 짓는 거죠.

합리적인 근거를 들어 제 의견을 비판하는 건 괜찮습니다. 하지만 아무런 근거도 없이 제 생각을 무례하게 단정 짓고 비난하는 걸 보면, 아무리 정신과 의사인

저라도 화가 치밀어 오릅니다. 속이 너무 끓어올라서 일이 손에 잡히지 않을 때도 있고요.

애초에 SNS에 남기는 글은 어디까지나 개인의 견해입니다. 저도 제가 반드시 옳다고는 생각하지 않아요. 그저 '나는 이렇게 생각합니다'라고 개인적인 의견을 말하고 싶을 뿐이죠. 이런 개인의 생각을 존중하지 않고 '내가 옳고, 넌 틀렸어'라고 무 자르듯 단정 지어 버리면 의미 있는 논의는 이루어지지 않고, 감정만 상하게 됩니다.

물론 그런 사소한 댓글 하나하나를 일일이 상대할 필요가 없다는 건 알고 있습니다. 하지만 일단 읽고 나면 화가 나는 건 어쩔 수 없죠. 여러분도 분명 그런 경험이 있을 겁니다. 무례하게 구는 사람에게 감정 소모를 할 필요가 없다는 걸 머리로는 알아도, 마음이 잘 따라 주지 않을 때가 있죠.

그래서 저는 저만의 대책을 하나 마련했습니다. '싸한 느낌'이 드는 댓글은 읽지 않기로 한 거죠. 악의적인 댓글은 대충 봐도 티가 납니다. 대부분 익명으로 달리고, 처음 몇 글자만 봐도 '좋은 말은 아니겠구나'라는 예감이 들 때가 많죠. 이런 패턴을 파악하고, 그런 글을 일부러 읽지 않으면 감정이 상하는 일을 대폭 줄일 수 있습니다.

어쩌다 읽게 되더라도 굳이 반박은 하지 않으려고 합니다. 반박해 봤자 제 기분만 더 오래 상할 뿐이니까요. 차라리 당장 해야 할 일에 집중하는 게 좋습니다. (이러면서도 가끔은 화가 치솟아서 반박하는 댓글을 달게 되니, 감정은 정말 무서운 것 같습니다.)

'무시'

이것이 무례한 사람에게서 내 감정을 지키는 가장 기본적인 기술입니다. 절대 타인이 던진 기분 나쁜 말에 곧이곧대로 반응해 주지 마세요.

그렇게 악성 댓글을 무시하다 보면, 제 의견에 공감해 주는 댓글이나 기분 좋은 말들이 하나둘 눈에 띄기 시작합니다. 악성 댓글에만 분노하고 있었다면 볼 수 없었을 말들이지요. 이런 댓글을 읽으면 곧바로 기분이 좋아집니다. 감정은 생각보다 단순하거든요.

감정을 잘 다루려면 이 '단순함'을 잘 활용해야 합니다. 별거 아닌 일로 화가 난다면 그냥 내버려두고, 지금 할 수 있는 일과 지금 해야 하는 일을 담담히 이어가는 거죠. 그러다 보면 문득 좋은 일과 맞닥뜨리게 됩니다. 기분 나쁜 일은 어느새 잊어버리고 금세 행복해지는 겁니다. 다시 말해 오전의 나쁜 기분이 오후에 영향을 미치지 못하게 되고, 어제의 나쁜 기분이 오늘 나의 하루에 영향을 미치지 못하게 되는 거죠. 이제부터 이 '단순함'을 활용하는 법을 조금 더 알아가 보도록 하죠.

감정은 내버려두면
잠잠해진다

전 세계에 널리 알려진 심리 치료법인 '모리타 요법'에는 분노나 슬픔과 같은 부정적인 감정을 적절히 관리하는 법칙들이 있어요. 그중에서 가장 간단하면서도 대표적인 법칙 하나를 소개하겠습니다.

바로 '감정은 내버려두면 잠잠해진다'라는 법칙입니다.

불쾌한 일을 계속 신경 쓰고 있으면 당연히 불쾌한 감정도 계속됩니다. 하지만 그냥 내버려두고 다른 일을 하고 있으면 머지않아 그 감정도 차분해지죠.

> ### ○ 모리타 요법 ○
> - 화가 난다 → 내버려둔다 → 차분해진다
> - 속상하다 → 내버려둔다 → 차분해진다
> - 밉다 → 내버려둔다 → 차분해진다

 이처럼 모리타 요법은 감정을 억누르기보다 자연스럽게 해소하는 데 초점을 둡니다. 화가 나거나 속상하거나 누군가가 밉다고 느끼는 감정 자체를 나쁘게 보지 않습니다. 다만 어떤 감정이든 있는 그대로 내버려두면 결국에는 차분해진다는 감정의 성질에 집중하는 거죠.

 실제로 잔뜩 화를 내고 있는 사람에게 "더 이상 화내지 마세요!"라는 말을 한다고 해서 상황이 나아지는 경우는 거의 없습니다. 속상해하지 마라, 남을 미워하지 마라, 질투하지 마라, 의심하지 마라, 슬퍼하지 마라… 이런 말들도 마찬가지죠.

 머리로는 부정적인 감정이 나에게 좋지 않다는 걸 알아도 감정의 파도는 쉽게 가라앉지 않습니다. 이때 우리가 해야 할 건 감정의 파도를 억누르는 게 아니라 감정의 파도에 '휩쓸리지 않는 것'입니다. 그것이 모리타 요법의 핵심이죠.

예를 들어 누군가가 나를 존중하지 않는 태도를 보여서 화가 났다고 해봅시다. 이때 부정적인 감정에 휩쓸려 '이 사람은 나를 우습게 보는 거야'라고 생각해버리면 분노가 마음에 완전히 자리 잡아 버립니다. 그러면 화가 나는 상황이 지나가고, 다른 좋은 일이 생겨도 기분은 좀처럼 나아지지 않죠. 그러다 '내가 우스운 사람이 아니라는 걸 보여줘?' 같은 극단적인 생각으로 이어지기까지 하면, 분노가 더 오래갈 수도 있습니다.

이런 일이 반복되면 분노가 습관이 돼서, 나중에는 사소한 일에도 화가 납니다. 누군가가 나를 믿을 만한 사람으로 생각해서 부탁을 했을 뿐인데도, '이 사람이 나를 만만하게 보나?', '왜 나를 곤란하게 하지?'라고 불쾌하게 받아들이게 되죠. 내가 한 부탁이 거절당해도, '이 사람이 나를 무시하는구나!' 하며 감정의 파도에 휩쓸리게 됩니다.

분노나 슬픔과 같은 부정적인 감정이 밀려오면, 다시 밀려가도록 가만히 내버려두세요. 우리가 감정을 느낄 수밖에 없는 존재인 것처럼, 감정도 내버려두면 차분해질 수밖에 없는 존재니까요. 감정의 파도를 있는 그대로 받아들이는 것이 감정의 파도에 휩쓸리지 않는 가장 현명한 방법인 겁니다.

나쁜 감정을 밀어내야
좋은 감정이 쌓인다

'감정을 내버려둔다'라는 말을 조금 더 이해하기 쉽게 설명해 드리겠습니다.

감정을 내버려둔다는 건 나를 불쾌하게 만드는 일을 계속해서 신경 쓰지 않는다는 뜻입니다.

화가 나거나 속상하거나 누군가를 미워하는 감정은 누구에게나 찾아올 수 있습니다. 하지만 그 감정의 원인이 된 상대방에게 정말 나를 불쾌하게 하려는 의도가 있었는지는 알 수 없어요. 그렇다고 그런 감정을 느낀 내가 잘못된 것도 아니고요. 그런데도 불쾌한 감정이 올라오면 무심코 상대방을 미워하게 될 뿐만 아니라, 나 자신까지 미워하게 될 때가 있습니다.

'이런 사소한 일로 화를 내다니. 난 도대체 왜 이러는 걸까?'

해결되지 않는 문제의 원인으로 스스로를 지목하게 되는 거죠. 이런 극단적인 생각에 빠지면 불쾌한 감정은 더 끈질기게 남습니다. 자기혐오까지 더해졌으니 기분은 바닥까지 곤두박질치고, 감정이 상하게 된 원인을 되짚어보는 건 더 이상 중요하지 않게 되죠.

즉 나를 불쾌하게 만든 일에 신경을 쓰면 쓸수록 문제 해결에서 멀어지고, 불쾌한 감정만 남게 되는 겁니다. 문득 '왜 내 기분이 이렇게 나빠졌지?'라는 물음을 스스로에게 던졌을 때, '그 사람이 문제야' 혹은 '내가 문제였어'라는 엉뚱하고 단편적인 결론을 내놓게 되는 거죠. 그 순간 화는 다시 치솟고 불쾌한 감정은 더 이상 걷잡을 수 없게 될 겁니다. 이것이 바로 감정을 내버려두지 못하면 일어나는 일이죠.

이 책을 읽는 여러분에게도 익숙한 패턴인가요? 그렇다면 이쯤에서 인정해 봅시다. 우리는 결국 감정에 휘둘릴 수밖에 없는 존재라는 것을요. 대부분의 사람은 마음이 그렇게 넓지 않아서 사소한 일에도 울고 웃고 화를 냅니다. 그렇게 순간의 감정에 쉽게 휘둘리는 게 바로 우리 인간이에요.

하지만 다르게 보면, 마음이 좁은 만큼 감정을 쉽게 바꿀 수 있다는 뜻이기도 해요. 지금 내 마음을 가득 채운 분노나 미움 역시 마음의 작은 공간을 잠깐 차지했을 뿐이라서, 기쁨이 조금만 스며들어도 금세 밀려나고 말죠. 아침부터 기분이 좋지 않았던 사람도 누군가의 칭찬 한마디에 금세 표정이 환해지고 힘이 넘치게 되는 것처럼요.

이렇게 감정은 스위치를 켜고 끄는 것처럼 간단하게 바꿀 수 있습니다.

마음이 부정적인 감정으로 가득 차 있어도 신경 쓰지 않고 해야 할 일에 몰두하다 보면 소소한 행복이 찾아와 어느새 그 감정을 잊어버리게 돼요. 반면 감정을 내버려두지 못하고 괜히 주위에 화풀이하면 나쁜 기분이 더 오래갈 뿐이죠. 이렇게 불쾌한 일을 의도적으로 신경 쓰지 않고 내 일을 하는 것이 바로 감정을 내버려 두는 것입니다.

회사 일에 치여 짜증이 나더라도 '그냥 하자' 마음먹고 눈앞의 일들을 하나씩 처리하다 보면 어느덧 점심시간이 되어 있을 거예요. 그때 마음속 짜증은 이미 사라지고 오늘 점심엔 뭘 먹을지 행복한 고민이 시작되겠죠.

내가 바꿀 수 있는 것에 집중하라

감정은 실체가 없습니다.

예를 들어 누군가가 툭 던진 말에 악의가 느껴진다고 해도 그 크기가 얼마나 되는지는 실제로 알 수 없어요. 애초에 그 말에 진짜로 악의가 있었는지조차 모를 일이고요.

자기 자신의 분노도 마찬가지입니다. 순간 욱할 때는 분노가 온몸을 감싸는 게 느껴지지만, 시간이 조금만 지나도 그 분노는 온데간데없이 사라져 버리죠. 과거에 느꼈던 감정을 제대로 기억하는 사람은 없을 겁니다. 나를 화나게 했던 상황에서 30분만 지나도 '내가 왜 그렇게까지 화를 냈더라?' 하며 머리를 긁적거리게 되는 경우가 많죠.

즉 감정에 휘둘린다는 건 실체가 없는 것에 휘둘린다는 겁니다. 정확히 뭐가 문제인지도 모르는데 자꾸 생각만 하다 보니까 답은 안 나오고 머리만 복잡해지는 거죠.

그러니 결론은 마찬가지입니다.

'골치 아픈 감정은 그냥 내버려두어야 한다.'

그 대신 생각하면 답이 나오는 일, 어느 정도 실체가 있는 일부터 하나씩 해봅시다. 다시 말해서 내 의지로 바꿀 수 있는 것부터 조금씩 바꾸어 가자는 거죠.

예를 들면 회사 업무나 간단한 집안일에 몰두해 보는 겁니다. 사람을 만나고, 어딘가로 외출하고, 사무를 처리하고, 주말 계획을 세우고, 방을 청소하는 것처럼요. 이런 일상 업무는 행동하는 즉시 결과가 나타납니다. 중간에 문제가 생겨도 금방 해결되고요. 가령 방을 청소하면 나의 개인적인 공간이 곧바로 깨끗해지고, 중간에 쓰레기봉투가 넘치는 문제가 생겨도 가까운 마트에서 새것을 사 오면 곧바로 해결할 수 있죠.

이처럼 문제가 생겼을 때 바로 답이 나오고, 이것을 내가 쉽게 해결할 수 있다는 사실을 아는 것만으로도 마음은 한결 편해지고, 불쾌한 감정은 점차 사라집니다.

일상의 루틴을 살짝 바꿔 보는 것도 기분 전환에 큰 도움이 됩니다. 평소에 아껴두었던 예쁜 옷을 꺼내 입어 보세요. 과감하게 헤어스타일도 바꾸어 보고, 혼자 근사한 레스토랑에 가서 느긋하게 식사를 즐겨보세요. 학창 시절 친구와 오랜만에 술 한잔하는 것도 좋고요. 이 정도만 시도해 봐도 기분은 꽤 좋아질 거예요. 적당한 선에서 일상에 변화를 주면 감정도 함께 변하니까요.

요컨대 실체를 알 수 없는 감정을 상대하는 대신 현실에서 바꿀 수 있는 것부터 바꾸어 보는 거예요. 감정에 현명하게 대처한다는 건 바로 이런 것이죠.

기대가 크면
실망도 크다

앞서 불쾌한 감정이 올라오면 그냥 내버려두는 게 현명한 방법이라고 말씀드렸습니다. 내버려둔다는 건 자극과 반응 사이에 시간 여유를 두는 일이기도 합니다. 쉽게 말해 상대의 말에 욱하기 전에 잠깐 멈춰 보자는 거죠. 한 번 더 생각해 보는 여유나 융통성 없이, 감정에 따라 섣불리 행동하면 부정적인 감정에 더욱 취약해지거든요.

예를 들어 상대방의 말이나 태도에서 조금이라도 악의가 느껴지면, 곧바로 "지금 뭐라고 한 거야?" 하며 화를 내는 사람이 있어요. 침착하게 생각해 보는 단계를 거치지 않고, 곧이곧대로 반응해버리는 거죠. 이런 사람은 비꼬는 말이나 비아냥대는 말처럼 무시하면 그만인 것도 흘려듣지 못하고 발끈할 겁니다. 스스로를 불쾌한 감정으로 밀어 넣는 거죠.

그리고 사람들이 잘 모르는, 섣불리 행동해서 불쾌한 감정을 더욱 키우는 유형이 하나 더 있습니다. 바로 상대방에게서 악의가 느껴지지 않아도, 어딘가에는 분명 악의가 있을 거라고 지레짐작하는 유형입니다.

예를 들어 어떤 상황에서도 내 편을 들어줄 거라고 믿었던 사람이 내 부탁을 거절하거나 내 의견에 반박이라도 하면, '왜 이러지? 내가 싫어졌나?' 하고 금세 불안해지는 경우가 있습니다. 막상 상대방은 아무런 의도 없이 사실만을 말했을 뿐인데도요. 상대방이 나보다 나이가 어리기라도 하면 '나를 우습게 봐서 그러는 걸 거야'라고 생각하며 벌컥 화를 내기도 하죠.

왜 타인의 사소한 말이나 행동에도 이토록 민감해지는 상황이 발생하는 걸까요?

우리가 상대에게 너무 많은 것을 기대했기 때문입

니다. 누군가에게 걸었던 기대가 컸던 만큼, 실망의 감정도 커져서 더 이상 이성적으로 생각할 수 없게 되어버린 겁니다. 특정한 결과가 나올 거라고 섣불리 기대하고, 기대한 결과가 나오지 않으면 곧바로 기분이 나빠지는 악순환에 빠지는 거죠.

어떤 일에서든 내가 생각한 대로 될 거라는 기대가 강하면 독이 됩니다. '내가 말하면 그대로 따라줄 거야'라는 상대방에 대한 기대나, '나는 틀리지 않았어'라는 나에 대한 확신도 마찬가지죠. 이런 기대와 달리 우리가 사는 현실은 그리 단순하지 않거든요. 예상치 못한 실패를 겪거나, 생각지도 못했던 행운이 찾아오는 일은 얼마든지 생깁니다. 인간관계도 마찬가지입니다. 내 편이라고 믿었던 사람에게서 비난을 들을 수도 있고, 나보다 경력이 짧은 사람보다 더 낮은 평가를 받게 될 때도 있죠.

세상이 내가 예상한 대로 흘러갈 것이라는 환상에 빠져 있다면 이런 현실을 좀처럼 버티기 어려울 겁니다. 적절한 비판이나 의견조차도 모두 자신을 향한 비난으로 받아들여서 불쾌한 감정에 휘둘리고 말겠죠.

하지만 앞서 말했듯이 내 의견은 결국 '나는 이렇게 생각합니다'라는 하나의 견해일 뿐입니다. 다른 견해가 나와야 비로소 '어느 쪽이 더 나을까?' 하고 적절한 논의가 시작될 수 있죠. 논의를 거듭하다 보면 처음보다 더 좋은 결론에 이를 수도 있고요.

자기 의견에 대한 확신과 상대방이 내 의견을 따라줄 거라는 기대가 강하면, 당연히 적절한 논의는 이루어질 수 없을 겁니다. 상대방의 의견을 존중하지 않으면, 내 의견도 존중받지 못할 거고요. 그러면 제대로 된 결론은 나오지 않고, 서로의 기분만 나빠지게 되겠죠. 따라서 불쾌한 감정에 휩쓸리지 않고, 건강한 인간관계를 만들어나가고 싶다면 기대를 조금 내려놓고 융통성 있게 생각하는 태도가 필요합니다.

목적지에 도달하는 길은
하나가 아니다

불쾌한 감정을 가라앉히는 방법을 하나 더 소개할 게요.

바로 화가 나거나 속상한 일이 생겨도 일단 부드럽게 받아들여 보는 겁니다.

예를 들어 이런 사고방식은 어떨까요?

이것밖에 없어	→	더 좋은 것이 올 거야
틀림없이 이렇게 될 거야	→	안 되면 어쩔 수 없지
나를 우습게 보네	→	남의 시선에 신경 쓰지 말자

기분 나쁜 일이 생겼다고 해서 그 상황이 계속될 거라고 섣불리 단정 짓지 말고, 해결의 여지를 남겨두자는 말이에요. 기분도, 상황도 나아질 수 있을 거라고 긍정적으로 생각해 보자는 거죠.

하지만 감정에 쉽게 휘둘리는 사람은 '나아질 수도 있어'라는 모호한 상태를 잘 견디지 못해요. 어떤 상황이 발생하면 당장 머릿속에서 결론을 내야만 직성이 풀리는 거죠. '나아지지 않을 거야'라고 한번 결론을 내고 나면, 상황이 좋아질 기미가 보여도 쉽게 받아들이지 못합니다. 오히려 좋은 신호를 외면하며 불쾌한 감정에 스스로를 가두게 되죠.

마찬가지로 이들은 자신의 의견이 조금이라도 비판을 받으면, "그럼 내가 틀렸단 말이야?"라며 따지는 경우가 많습니다. 상대방은 지적할 의도 없이 그저 궁금해서 물어봤을 뿐인데도요. 다짜고짜 따지고 드니 상대방도 당황스럽고 억울할 수밖에 없고, 서로 속만 상하게 되겠죠.

이런 상황이 남일처럼 들리지는 않을 겁니다. 실제

로 많은 사람들이 모호한 상태를 견디지 못하거든요. 우리는 매사를 '옳은 것' 아니면 '틀린 것' 둘 중 하나로만 판단하려는 경향이 있고, 그 사이의 모호한 영역을 받아들이는 건 쉽지 않습니다. 그러다 보니 누군가의 사소한 말이나 행동에도 쉽게 발끈하고, 일이 뜻대로 흘러가지 않으면 나도 모르게 불안한 마음을 티 내게 되죠.

즉 생각의 흐름이 한 번 막혀버리면 불쾌한 감정은 계속 부풀어버립니다. 불쾌한 감정에 취약해지기도 할 거고요. 이렇게 감정에 휘둘리는 악순환에 빠져버리는 건 주변 사람의 탓도 아니고, 내 성격이 나빠서 그런 것도 아닙니다. '어떤 사고방식을 가지고 사느냐'의 문제일 뿐이죠. 앞서 나왔던 예시처럼 조금 더 유연하게 생각하기 시작하면, 감정에 휘둘릴 일도 점차 줄어들 겁니다.

2장
무례한 사람에게 우아하게 대처하는 기술

나도 모르게
욱하는 이유

　누군가 무례한 말을 했다고 해서 곧바로 화를 내는 건 나 자신만 힘들게 하는 일이에요. 어떤 이유에서든 순간 욱해서 화를 내고 나면, 반드시 후회하고 자책하게 됩니다. 스스로 감정을 조절하지 못하는 미성숙한 사람이라는 생각이 들고, 나를 기분 나쁘게 하려던 상대방의 목적도 이루어준 셈이거든요.

　서로에게 곧잘 욱하고 마는 A 과장과 B 직원의 이야기를 예시로 들어보겠습니다.

　B 직원은 자신의 상사인 A 과장이 너무 불편하게 느껴집니다. A 과장은 꼭 한 번씩 기분 나쁜 말을 툭 내

뱉거든요. 그럴 때에도 상사의 비위를 맞춰줘야 하니 스트레스가 이만저만이 아닙니다. 그래서 A 과장이 자신을 부를 때면 대화를 빨리 끝내버려야겠다는 생각부터 하게 되죠.

A 과장도 B 직원이 별로 마음에 들지 않습니다. B 직원은 변명하는 습관이 있거든요. A 과장은 이야기를 나눌 때마다 핵심은 쏙 빼놓고 변명만 늘어놓는 B 직원이 답답하게만 느껴지는 겁니다. 그래서 A 과장도 B 직원을 불러야 할 일이 생기면 대화를 빨리 끝내버려야겠다고 다짐하죠.

이렇게 두 사람 모두 충돌을 피해보려고 애를 쓰지만 당연히 잘 될 리가 없습니다. 상대의 무례한 행동을 참아보려고 해도 자기도 모르게 욱하고 마는 게 둘 사이의 패턴이 되어버렸으니까요. A 과장의 비아냥을 들으면 B 직원은 속에서 천불이 나고, B 직원의 변명을 듣다 보면 A 과장은 자기도 모르게 말을 싹둑 잘라버리게 되죠. 그러고는 '왜 이 사람하고는 대화만 하면 욱하게 될까?' 하고 후회와 자책에 빠져버리는 겁니다.

이렇게 감정 조절이 서툰 사람은 순간 욱하고 나중에 후회하는 패턴에서 벗어나기 힘듭니다. 무례하다고 느껴지는 상대와 맞서야만 직성이 풀리는 거죠. 감정이 점점 올라와 이성이 마비되면 이런 악순환이 일어납니다. 이성이 머릿속을 지배할 때는 자신의 말과 행동이 적절하지 않다는 걸 느끼면 스스로를 돌아보고 고치려 합니다. 하지만 나쁜 감정에 한번 지배되어 버리면 그 감정의 원인을 어떻게든 자신이 아닌 상대방에게서 찾으려 하죠. 한마디로 '어쨌거나 그 사람이 먼저 잘못했잖아'라고 생각해버리는 겁니다.

하지만 둘 다 기분이 나빠진 상황에서는 잘잘못을 따진다고 해서 늘 부딪히는 패턴이 해결되지는 않을 겁니다. 천천히 감정을 가라앉히고, 이성적으로 서로의 입장을 고려해 보는 게 적절한 해결책이죠.

남들도 나를
참아주고 있다

앞서 말했던 것처럼, '어쨌거나 그 사람이 먼저 잘못했잖아'라는 생각이 머릿속에 자리 잡고 있으면 무례한 사람에게 적절히 대처할 수 없습니다. 감정이 앞선 탓에 또 욱하고 후회하는 패턴만 반복할 테니까요. 오히려 '고쳐야 할 점은 분명 나에게도 있다'라고 자기 객관화를 할 줄 알아야 상황을 제대로 파악하고 침착하게 해결할 수 있습니다.

게임에서 길 앞에 함정이 있다는 걸 알게 되면 조심해서 걷게 되지 않나요? 실제 인간관계에서도 그런 조심성 있는 태도가 필요합니다. 어떤 사람과는 마주칠 때마다 나쁜 감정이 올라온다는 걸 깨달았다면, 냉정하고 이성적으로 서로의 잘못을 분석할 수 있어야 하죠.

부딪히는 패턴을 반복하는 A 과장과 B 직원 이야기를 다시 해보겠습니다. 둘 다 머리로는 이성적으로 판단해야 한다는 사실을 알고 있었지만, 또 감정이 앞서서 서로에게 화를 내고 말았다고 합니다.

'이런 한심한 사람이 하는 말은 신경 쓰지 말자.'

'이 녀석의 변명 따위 안 듣고 말지 뭐.'

마음 한구석에는 여전히 이런 생각이 자리 잡고 있었기 때문입니다.

만약 이런 마음으로 상대방을 마주하고 있다면 이미 불쾌한 감정에 얽매여 있는 겁니다. '이번엔 화내지 말아야지'라고 마음을 다잡는다고 해서 감정을 제대로 흘려보낸 게 아니라는 뜻이죠. 결국 조심해야겠다고 생각만 하고 감정의 패턴을 바꿔 보려는 현실적인 노력을 하지 않으면, 매번 같은 사람과 같은 상황에서 충돌하는 일이 반복될 수밖에 없습니다.

기분이
태도가 되지 않게 하라

'감정은 사라지고 결과는 남는다.'

아무리 불쾌한 감정이라도 시간이 지나면 사라지지만, 그 감정을 이겨내고 얻어낸 성취와 평판은 사라지지 않는다는 말입니다.

저는 인간관계에도 이 말을 적용해 보고 싶어요. 순간의 감정에 휘둘려 상대에게 무례한 말을 해버리면, 나중에 내 감정이 사그라들어도 내가 한 말은 상대의 기억에 평생 남습니다. 그런 일이 반복되면 사람들은 결국 내 무례한 모습만 기억하게 되겠죠. 나에 대한 부정적인 평판을 알게 되면 내 기분도 안 좋아질 거고요.

그러니 우리는 '기분이 태도가 되지 않게' 불쾌한 감정이 멋대로 표출되는 걸 막을 필요가 있습니다. 그러려면 의식을 다른 곳으로 돌리고, 지금 당장 바꿀 수 있는 일이 뭔지 생각해 보는 게 가장 좋습니다. 감정을 자극한 일에 자꾸 신경 쓸수록 그 불쾌한 감정에서 벗어나기는 더 어려워지니까요.

이를테면 기분이 좋지 않을 때일수록, 말투와 태도를 친절하게 바꿔 보는 연습을 해보는 건 어떨까요? 마주하기 싫은 사람에게 자신이 평소에 어떤 말투를 쓰고, 어떤 태도를 취해왔는지 한번 생각해 보세요. '그러고 보니 내가 그 사람한테는 좀 무심했던 것 같은데?' 하고 개선하면 좋을 부분이 조금이라도 떠오를 겁니다. 그리고 그 사람에게 조금 더 친절하게 다가가 보세요.

"늘 고생이 많으세요!"

"잘 챙겨주셔서 감사합니다!"

어렵지 않죠? 이렇게 부드러운 한마디를 건네보는 겁니다. 이 사소한 변화만으로도 상대방은 '어라? 원래 이렇게 친절한 사람이었나?' 하며 나에 대해 점점 긍정적으로 생각하게 되겠죠.

이런 식으로 말투와 태도를 친절하게 바꿔나가면 인간관계도 자연스럽게 좋아지기 시작합니다. 인간관계는 대부분 공감대를 바탕으로 형성되기 때문에, 사소한 감정에도 관계의 모습이 크게 변할 수 있습니다. 따라서 감정에 긍정적인 변화가 생기면 인간관계도 자연스럽게 좋아지게 되는 거죠.

'내가 싫어하는 사람에게 왜 그렇게까지 노력해야 해?'라고 생각하는 분도 계실 겁니다. 하지만 제 말은 싫은 사람과 억지로 사이좋게 지내라는 게 아닙니다. 당장 바꿀 수 있는 말투와 태도부터 조금씩 바꾸어 보고, 그걸로 감정이 어떻게 변해가는지 알아보자는 얘기죠. 그러다 실제로 친절한 말투와 태도가 악감정을 누그러뜨린다면, 나도 상대도 기쁜 일 아니겠어요?

가끔은 옳은 말이 더 상처를 준다

 만나기만 하면 부딪히는 A 과장과 B 직원 이야기로 다시 돌아가 보겠습니다. 만약 여러분이 A 과장이라면 변명을 반복하는 B 직원에게 어떻게 할 건가요?

 만약 '다시는 변명 따위 못 하게 해야지!'라고 맞서 싸울 생각부터 해버리면 무심코 기분 나쁜 말을 하게 될 겁니다. 아무리 차분하게 말해야겠다고 다짐해도, 막상 마주하면 "변명할 생각하지 말고 똑바로 대답해!" 같은 거친 말이 툭 튀어나오게 되는 거죠. 그러면 B 직원도 마찬가지로 '또 예민하게 구네!' 하고 욱하게 될 거고요.

'B 직원이 계속 변명을 늘어놓는 건 옳지 않다'라는 A 과장의 논리는 틀리지 않았습니다. 만약 감정의 골이 깊어지지 않았다면 B 직원도 충분히 수긍했을 거예요. 그러나 지금의 B 직원에게는 A 과장의 논리를 받아들일 마음의 여유가 없을 겁니다.

즉 서로 감정이 상한 상황에서는 논리의 옳고 그름이 중요하지 않다는 겁니다. 이런 상황에서 A 과장이 B 직원의 잘못을 일목요연하게 지적해 봤자, 그가 받아들일 수 있을 리 없겠죠. B 직원의 마음은 이미 꽉 닫혀, A 과장을 향한 불만으로만 가득 찬 상태니까요. A 과장이 설득하려 할수록 오히려 자신의 가치를 무시당하고 있다는 생각에 기분만 더 나빠질 겁니다.

불쾌한 감정을 누그러뜨리는 데 필요한 건 '논리'가 아닌 '공감'입니다. 공감으로 먼저 마음의 문을 열어야, 비로소 내 논리도 제대로 닿을 수 있는 법이죠.

수준 차이 나는 사람과 다투지 마라

충분히 공감해 주고, 이해해 보려고 노력했는데도 끝까지 말이 통하지 않는 상대방도 있을 겁니다. 생각 수준이 매우 낮아서 자기가 반드시 옳다고 여기는 부류죠. 그런 사람에게는 공감하려 들지도, 논리를 들이밀지도 말고, 그냥 무시하는 게 가장 효과적인 대처법입니다.

물론 대놓고 무시하면 무작정 나에게 달려들어 내 기분을 상하게 할 수 있으니, 똑똑하게 무시하는 방법을 알려드리겠습니다. 바로 내 논리를 전혀 내세우지 않고 무조건 상대방에게 맞장구를 쳐주는 거예요. 반응해 주되, 진심을 담지는 않는 겁니다. 그러면 허풍쟁이 상대는 곧 불안해지겠죠.

예를 들어 습관적으로 나에게 주변 사람의 험담을 늘어놓는 사람이 있다면 일단 그 사람이 충분히 말하게 내버려두세요. 내용이 어떻든 "흠, 너무한 사람이네" 하며 고개도 끄덕여 주시고요. 상대방이 신나서 말을 이어간다면 툭 자르고 이렇게 말해보는 겁니다.

"아무튼 걔가 백번 잘못했네. 너는 제대로 했는데 왜 난리지?"

"애초에 말귀를 못 알아듣는 사람이네. 그런 인간하고는 그냥 연을 끊어버려!"

이렇게 과하게 공감을 해주면 이들은 오히려 난처해할 겁니다. 누구나 반응을 얻으면 말을 더 이어가야 한다는 은근한 의무감이 생기기 마련입니다. 좋은 이야기를 하고 있었다면 긍정적인 기대로 받아들이겠지만, 근거 없는 이야기는 길어질수록 앞뒤가 맞지 않는 부분이 드러나기에 험담하는 사람에게는 불편한 부담으로 다가오는 것이죠.

그러다 보면 "아, 그렇게 나쁜 사람은 아니야. 내 뜻이 잘 전달이 안 됐나 보네"라는 식으로 슬쩍 잘못을 수습하려 들 겁니다. 그럴 땐 "그래? 하마터면 오해할 뻔했네" 하고 대화를 자연스럽게 마무리하면 됩니다. 나는 어떤 피해도 입지 않고, 무례한 상대방에게 경각심을 심어줄 수 있는 거죠.

자존심이
밥 먹여주지 않는다

많은 사람들이 자신의 기분이 상한 건 상대방이 무례했기 때문이지, 꼭 자신의 자존심이 세서 그런 건 아니라고 생각하기 쉽습니다. 하지만 알고 보면, 괜히 자존심을 내세우는 것은 감정에 잘 휘둘리는 사람들의 전형적인 행동입니다.

- 내가 이런 사람에게 무시를 당해야 해?
- 얘가 알아봤자 얼마나 안다고 이러지?
- 내가 하면 더 잘할 것 같은데….

이렇게 자존심을 부리며 은근히 상대를 깔보면 결국 내 기분만 안 좋아지게 될 겁니다. 실제로 상대방이 어떤 상황에 있든, 자존심을 부리기 시작하면 그 사람을 제대로 간파해서 누르고 싶어지고, 그 마음이 시기와 질투로 이어지거든요.

원래 내가 상대방보다 우위에 있다고 믿는 순간, 괜히 지고 싶지 않다는 생각을 품게 되는 법입니다. 실제로 내가 지위나 경력에서 앞서면 상대방의 의견은 듣고 싶지도 않을 거고요. 그러다 상대가 조금이라도 나를 깔보는 듯한 기색을 보이면, 곧바로 "너 말투가 왜 그따위야?" 하고 화를 내겠죠.

예를 들어 엄마가 거짓말한 아이를 혼내는데, 아이가 "엄마도 거짓말하면서 왜 나한테만 그래!" 하고 반항한다고 생각해 봅시다. 대부분의 엄마는 그 순간 이성의 끈이 툭 끊어지고 말아요. 아이가 자신의 권위를 침해했다고 받아들이기 때문이죠. 그러면 아이를 완전히 눌러야 직성이 풀리니, 훈육의 수준을 넘어서 과하게 분노를 쏟아내게 되는 거죠.

이처럼 자존심을 부리면 불쾌한 감정에 취약해집니다. 실제로 누가 우위에 있느냐와 상관없이, 마음은 열등감으로 채워지기 시작할 거고요. 그러니 불쾌한 감정에서 멀어지고 싶다면 괜한 자존심부터 내려놔야 합니다.

화는 참지 말고
흘려보내라

자존심에 대해서 더 다뤄보겠습니다. 주위에 한 명 쯤은 자존심에 집착하는 사람이 있을 겁니다. 그런 사람과는 마주치기만 해도 기분이 나빠지기 마련입니다. 자존심에 집착하면 감정을 조절하기 어려워지고, 자기도 모르는 사이에 주변 사람들에게 화를 표출하게 되거든요.

자존심은 남에게 무시당하고 싶지 않다는 생각에서 비롯됩니다. 하지만 정도가 심해지면 늘 상대를 깔보는 마음을 가지게 되죠. 인간관계에서의 태도도 점점 강압적이거나 반항적으로 변해갑니다. 가령 직장인이라면, 상대방의 지위가 어떻든 일을 더 잘하는 건 자기라고 생각하고, 상사의 말을 제대로 듣지 않겠죠.

더 큰 문제는 자존심에 전염성이 있다는 겁니다. 자존심을 부리는 사람과 지내다 보면 나 또한 점점 자존심을 부리게 됩니다. 처음에는 그냥 무시하다가도, 시간이 지날수록 그런 막무가내인 사람에게 지고 싶지 않다는 마음이 커지기 때문이죠.

그러다 보면 사소한 의견 차이에도 "잠깐, 그건 아니지" 하고 반박부터 하게 됩니다. 상대가 나보다 지위가 높아서 직접 말하기 어려운 상황에서도, 속으로는 '자기 일도 제대로 못하면서' 하고 욕하게 되겠죠.

즉 감정은 누군가에게 억눌릴 때 다시 튀어나오려는 성질이 있습니다. 상대방이 내 감정을 불쾌하게 만들면 그 불쾌한 감정을 표출하고 싶고, 상대방의 감정까지 불쾌하게 만들고 싶은 거죠. 서로 자존심을 내려놓지 못하고 감정을 상하게 하는 말을 주고받는다면 언젠가는 크게 싸우게 될 겁니다.

물론 마음이 약한 사람은 상대가 강압적인 태도를

보이면 한발 물러설 수 있습니다. 하지만 그렇게 화를 꾹 참으려 애써도 불쾌한 감정은 마음속에 쌓이게 될 겁니다. 그러다 도저히 참지 못하는 순간이 오면 분노를 폭발하게 될 거고, 그런 자신이 한심하게 느껴져 자기혐오에 빠지는 건 정해진 수순이죠.

따라서 화는 그때그때 흘려보내는 게 중요합니다. 자존심이 상한다고 벌컥 화를 내거나, 무작정 화를 참아버리면 계속 불쾌한 감정을 달고 살게 됩니다. 하지만 상대를 깔보지 않고, 또는 무례한 말에 집착하지 않고 침착하게 화를 다스린다면, 불쾌한 감정은 곧 사라지고 평온한 마음으로 하루를 보낼 수 있을 겁니다.

다툼을 한 번에 멈추는
'마법의 말'

　너무 착한 탓에 이용만 당하는 사람이 있는가 하면, 누구에게나 친절하지만 결코 만만해 보이지 않는 사람도 있습니다. 그런 사람은 자기 생각을 과하게 밀어붙이지도, 남의 말을 무작정 받아주지도 않습니다. 정이 가면서도, 함부로 대하면 안 되겠다는 생각을 하게 만드는 거죠.

　또, 이런 사람은 대화를 할 때 자신의 의견만 밀어붙이지 않습니다. 타인의 말에 공감이 가지 않아도 일단 침착하게 듣고, 그 후에 넌지시 이견을 건넬 줄 알죠. 그래서 내 의견에 항상 공감해 주는 게 아닌데도,

자존심을 부리는 사람보다 훨씬 더 편안하게 느껴집니다.

이들이 자주 하는 말이 있습니다.

"그럴 수 있지."

어떤 이야기가 오가든 유연하게 받아들일 줄 안다는 뜻입니다. 참 바람직한 태도 아닌가요? 내 의견도 남의 의견도 결국은 각자가 가진 하나의 관점일 뿐입니다. 굳이 그 자리에서 결론을 내려야 할 필요도 없고, 애초에 생각이 다르니 한순간에 해결될 수도 없는 문제죠. 그러니 의견의 옳고 그름을 따지기보다는, "그럴 수 있지" 하며 열린 마음으로 대화를 이어간다면 감정이 상할 일도 훨씬 줄어들 겁니다.

하지만 자존심을 부리는 사람은 이런 식으로 이야기가 흐지부지 끝나는 걸 견디지 못합니다. 어떤 쪽이 옳고, 어떤 쪽이 그른지 명확한 결론을 내고 싶어 하죠. 물론 자신이 옳은 쪽이어야 하고요. 그렇게 자신의 의견만을 고집하다 보면 서로의 감정이 상할 수밖에 없습니다.

물론 누군가 이렇게 고집을 부릴 때도, "그럴 수 있지"라고 대답하면 의미 없는 감정싸움을 멈출 수 있습니다. 이 말을 계속 반복하다 보면 상대는 '적어도 내 말을 들어주긴 하는구나'라는 생각에 점점 만족하게 되거든요. 그러다 보면 '이 정도면 됐지' 싶은 생각이 들 거고, 아무리 자존심이 강한 사람이어도 자연스럽게 물러날 겁니다.

이렇듯 "그럴 수 있지"는 어떤 상황에서도 유용하게 쓸 수 있습니다. 누가 무슨 말을 하든 이 한마디로 상황을 부드럽게 넘길 수 있죠. 정말 마법 같은 말입니다.

하나 더, "그럴 수 있지"가 서로의 감정을 지켜주는 말이라면, "그건 아니지"는 관계를 틀어지게 만드는 말이라는 걸 기억해두면 좋습니다. 때로는 상대의 말도 안 되는 논리에 욱해서 "그건 아니지" 하고 반박하고 싶기도 하겠죠. 하지만 논리를 밀어붙여 봤자 관계에 좋을 건 하나도 없습니다. 앞서 말했듯, 그 누구도 납득하지 못할뿐더러 서로의 감정만 상하게 되니까요.

한 걸음 물러나면
편해진다

대화가 감정싸움으로 번졌을 때, 한 걸음 물러나면 상황도 내 기분도 훨씬 좋아집니다.

예를 들어 서로에게 상처 주는 말을 주고받다가, 상대방이 먼저 "미안해" 하고 진심으로 사과한다고 생각해 봅시다. 그럼 금세 화가 스르륵 풀리면서 "아니야, 괜찮아. 나도 미안해" 하며 순순히 받아들이게 되지 않나요?

상대방이 자존심이 세서 좀처럼 사과하지 않는 사람이라고 하더라도, "그럴 수 있지" 하고 적당히 맞장구를 쳐주면 더 이상 싸우려 들지는 않을 겁니다. 적어도 서로에게 반박부터 하고 볼 때보다는 훨씬 분위기가 부드러워지겠죠.

따라서 감정이 올라온다면 잠시 자존심을 내려놓고 물러나는 연습이 필요합니다. 잠깐의 어색함만 참아내면, 하루 종일 기분 좋게 지낼 수 있거든요.

어차피 계속 싸우든 이쯤에서 멈추든 결론은 나지 않는 싸움이기도 합니다. 서로를 몰아붙이면 이성적인 판단은 어려워지고, 더더욱 감정만 표출하게 되죠. 결국 분노만 오갈 뿐이지, 싸움의 원인을 근본적으로 해결할 수는 없다는 겁니다.

물론 한 걸음 물러나도 근본적인 해결은 어려울 겁니다. 하지만 싸움을 지속할 때와 다른 점은, 분노는 사라지게 된다는 거죠. 게다가 감정을 가라앉히고 차분히 생각하다 보면, 오히려 합리적인 해결책을 찾아낼 수도 있습니다.

- 그럼 일단 네가 말한 대로 해 보고,

  잘 안되면 내가 제안한 방법으로 해 보자
- 그럼 조사는 네가 맡아 줄래?

  발표는 내가 해볼게

이런 식으로 합의를 볼 수도 있는 거죠. 기분도 풀리는 데다, 문제를 해결할 가능성도 높아지니 감정에서 물러나는 게 얼마나 현명한 선택인지요.

웃는 얼굴에도
화가 날 수 있다

상대방이 갑자기 제멋대로 굴면 기분은 확 나빠지기 마련입니다. 악의가 없이 한 행동이어도 말이죠.

예를 들어 상사가 "급한 일이 생겼으니 회의는 내일 아침에 하지"라며 회의 5분 전에 일방적으로 일정을 바꿔 버렸다고 해봅시다. 그러면 '급한 일'이라는 사실을 고려하기보단, 상대방으로 인해 내가 입은 '감정적인 피해'만을 생각하게 될 겁니다. '자기만 바쁜가?' 하는 생각에 순간 욱하게 되는 거죠.

상대방이 상사가 아닌 부하직원이라고 해도 이해하려 하기보다는, 기분이 불쾌해지는 게 먼저일 겁니다.

부하직원이 장난 반 진심 반으로 정시 퇴근을 하고 싶다고 투덜댄다고 해보죠. 만약 내가 부하직원보다 훨씬 더 늦게까지 일을 하고 있다면, 결코 장난으로 받아들이지 못하고 시비를 건다고 생각하게 될 겁니다. "너보다 사수인 내가 더 힘들 거라는 생각은 안 하니?" 하고 화를 내버릴 수도 있고요.

큰 실수를 별일 아닌 듯 슬쩍 넘기려는 동료 직원을 봐도 화가 날 겁니다. "일을 아예 망친 것도 아닌데, 좀 너무하네?"라는 말을 듣는 순간, '열심히 한 나를 예민한 사람 취급하는 건가?'라는 생각에 기분은 불쾌해지겠죠. 그 사람이 간단한 보고서 하나도 제대로 못 쓰는 사람이거나, 업무와 무관한 수다만 늘어놓는 사람이라면 더욱 화가 치밀어 오를 거고요.

즉 남들이 악의 없이 던진 말에도 우리의 기분은 얼마든지 나빠질 수 있다는 겁니다. 상대방이 싱긋 웃는 얼굴을 하고 있어도, 내 마음에 여유가 없으면 비웃는 얼굴로 보이는 법이죠.

말이 안 통하는 사람과
다투지 마라

꼭 주변에 한 명쯤은 말이 안 통하는 사람이 있을 겁니다. 제멋대로 구는 데다 실수는 은근슬쩍 넘어가려 하고, 불평불만을 달고 살며 잘 삐지기까지 하는 사람 말이죠. 그런 사람을 상대하고 나면 말이 통하지 않는다는 생각에 답답함만 느껴질 겁니다. 게다가 상대가 아랑곳하지 않고 계속 무례하게 굴기라도 하면 화가 머리끝까지 치솟게 되죠.

하지만 그런 사람이 뭘 하든 감정적으로 휘둘리지 않는 사람도 많습니다. 사실 대부분의 사람이 그렇게 말이 안 통하는 사람을 제대로 상대하지도, 스스로 기분이 불쾌해질 정도로 신경 쓰지도 않죠.

게다가 우리가 말이 안 통한다는 이유로 벌컥 화를 내고 싶은 상대는 생각보다 많지 않습니다. 어느 곳에나 문제를 일으키는 사람은 있지만, 대부분은 제멋대로 굴지 않고 융통성 있게 살아가는 편이죠.

즉 소수의 말이 안 통하는 사람은 그냥 신경 쓰지 않으면 그만입니다. 그러면 내 기분이 불쾌해질 일도, 괜한 충돌을 빚을 일도 없죠. 그 사람이 무례하게 행동하기 시작하면 '어쩔 수 없지' 하며 어깨 한 번 으쓱하거나, '또 시작이네' 하고 흘려버리면 됩니다.

여기서 중요한 점은 두 가지예요.

- 말이 안 통하는 사람은 일부라는 점
- 화를 내도 상황은 바뀌지 않는다는 점

결국 일부의 무례한 사람 때문에 괜한 감정 소모를 하면 나만 손해입니다. 그럴 시간에 차라리 무시하고 내 할 일을 하는 게 더 효율적이죠.

결국 무심한 사람이 이긴다

 감정은 빠르게 전염된다는 특성이 있습니다. 특히 부정적인 감정일수록 전염성이 더 강하죠.

 다른 사람들과 있을 때 감정을 절제해야 하는 이유도, 나도 모르게 나의 감정을 타인에게 전가할 수 있기 때문입니다. 혼자 있을 때는 내 감정을 나만 느끼게 되지만, 직장이나 가정처럼 여럿이 함께 있는 공간에서는 내 감정을 주변 사람들도 쉽게 알 수 있다는 것만 봐도 그렇죠.

 대표적인 예가 부부간의 감정 전이입니다. 아내가 기분이 좋으면 남편은 '무슨 일이지?', '좋은 일이라도 있었나?' 하며 궁금해지고, 마땅한 이유를 찾지 못해도 괜히 기분이 좋아지게 됩니다. 반대로 아내의 기분이 좋지 않으면 남편도 '오늘따라 왜 이렇게 뾰로통한 거야?' 하며 덩달아 기분이 나빠지게 되죠.

마찬가지로 직장에서도 상사의 기분이 나쁘거나, 옆자리 동료가 계속 짜증을 내면 내 기분도 불쾌해지는 법입니다. 괜히 나한테 화풀이하는 것 같아 마음이 언짢은 거죠.

아무리 기분이 좋았어도 남의 부정적인 감정을 느끼는 순간, 우리는 찬물을 뒤집어쓴 것처럼 기분이 확 상하게 됩니다. 좀 전의 긍정적인 감정은 순식간에 사라지고, 부정적인 감정이 마음의 공간을 채우죠. 긍정적인 감정보다 부정적인 감정의 전염성이 더 세니까요.

이럴 때 부정적인 감정에 휘둘리지 않으려면 감정을 내뿜는 사람을 피하는 게 최선입니다. 감정적으로 행동하는 사람을 상대하지 않으면 나쁜 감정에 전염될 일도 없거든요.

그러려면 '왜 저래?', '진짜 민폐네', '한마디 해줘야

겠어' 하며 맞서려고 생각하면 안 됩니다. 이런 생각이야말로 상대의 불쾌한 감정을 정면으로 마주하는 지름길이거든요. 차라리 '또 시작이네. 그냥 내버려 두자' 하고 무심한 사람이 되는 게 좋습니다.

타인의 기분까지
책임지지 마라

감정이 이성을 지배한 탓에 자기 기분에 따라 행동하고, 걸핏하면 무례하게 구는 사람은 애초에 말이 통하지 않습니다. 그러니 그 사람에게 무슨 말을 해도 결국은 헛수고가 될 겁니다. 타이른다고 말을 들을 사람도 아니고, 호되게 야단친다고 순순히 따를 사람도 아니니까요. 오히려 부정적인 감정만 나에게 전염시키겠죠.

기본적으로 남의 기분이나 감정은 내가 바꾸기 어렵다는 사실을 기억해야 합니다. 특히 분노, 증오, 의심과 같은 부정적인 감정은 내가 아무리 노력해도 절대로 사라지지 않을 겁니다. 오히려 그 감정을 더욱 증폭시킬 수도 있죠.

만약 우리가 A에게 화가 났을 때, B가 "A가 그렇게 나쁜 사람은 아니야", "나쁜 마음으로 그런 건 아닐 거야. 네가 좀 이해해 줘"라고 한다면 우린 과연 순순히 받아들일 수 있을까요?

화가 많이 난 상태라면 그러기 힘들 겁니다. 화가 가라앉기는커녕, 내 말에 공감해 주지 않는 상대에게도 '지금 내 기분이 어떤지 알기나 해?' 하고 괜히 화가 나겠죠.

그럼 기분이 좋지 않은 사람에게는 어떻게 해주어야 할까요?

역시 신경 쓰지 않는 게 최선입니다. 감정은 내버려두면 차분해지니까요. 부정적인 감정이 잔뜩 올라온 사람은 일단 상대하지 말고 잠시 거리를 두는 게 그 사람의 감정도, 내 감정도 좋게 하는 확실한 방법이죠.

상대를 마냥 내버려둘 수 없는 상황이라면 감정이 들어가지 않는 일부터 처리하면 됩니다.

예를 들어 회사 상사의 기분이 좋지 않다면, 일단 보고는 미뤄 두고 내 업무를 점검하거나 해야 할 일을 계획하고 있으면 되죠. 이렇게 하면 상사의 심기를 건드릴 일도, 내 기분이 불쾌해질 일도 없을 겁니다.

나부터 챙겨야
타인에게 관대해진다

지금까지 제가 소개한 방법 대부분은 감정적으로 행동하거나 무례한 '상대방에게' 대처하는 방법이었습니다. 이제는 외적인 상황이 아닌, 내 마음속에서 일어나는 내적인 상황에 집중해 보죠.

우리는 때에 따라 감정에 휘둘릴 수도 있고, 그렇지 않을 수도 있습니다. 평소라면 마주하자마자 기분이 불쾌해지는 상사를 보고도 아무렇지도 않을 때도 있고, 이것저것 따지고 드는 동료를 보고도 '맞는 말이긴 하네' 하며 순순히 인정한 적도 있을 겁니다.

왜 이런 예외 상황이 발생하는 걸까요?

잘 생각해 보면, 그렇게 타인에게 관대해질 때는 내 기분이 좋을 때입니다.

예를 들면 좋은 일이 있었거나 일이 순조롭게 풀릴 때, 퇴근 후 즐거운 약속이 기다리고 있을 때가 있죠. 마음에 여유가 생기면 부정적인 감정에 좀처럼 휘둘리지 않는 겁니다.

반대로 평소보다 기분이 나빠서, 괜히 예민해지고 짜증이 솟구칠 때도 있습니다.

이럴 땐 평소에 잘 지내던 동료의 가벼운 농담에도 발끈하게 되고, 평소라면 흘려들었을 말실수도 하나하나 따지고 싶어집니다. 맞는 말을 들어도 괜히 기분이 상할 겁니다. 이러면 이제는 나 자신이 '말이 안 통하는 사람'이 된 거죠.

즉 누구든지 감정에 지배당하게 될 가능성이 있다는 겁니다. 내 마음을 챙기지 않는다면 순간적으로 감정의 브레이크가 고장 나버릴 수 있죠. 그러니 불쾌한 감정에 휩쓸리고 싶지 않다면 주기적으로 내 감정 상태를 점검해야 합니다.

3장
생각의 꼬리를 자르는 기술

걱정에게
먹이를 주지 마라

 걱정은 한 번 하기 시작하면 좀처럼 멈추기 어렵습니다. 아침에 한 걱정이 저녁까지 이어지고, 저녁에 한 걱정이 새벽까지 이어지면, 즐거운 일이 있어도 제대로 누리지 못하고 하루 종일 기분이 가라앉게 되죠.

 사소한 일에도 걱정하는 습관을 지닌 A 씨의 일화를 말씀드리겠습니다.

 A 씨는 주말에 친구 B와 만날 약속을 했습니다. 학창 시절에 가장 친했던 친구를 오랜만에 볼 생각에 가슴이 설레지만, 하필이면 강한 태풍이 온다고 해서 걱정이 이만저만이 아니죠.

'새로 산 옷을 입고 싶지만, 비에 젖을 것 같은데…'
'폭우 때문에 버스가 늦게 오면 어떡하지…'
'택시도 잘 안 잡힐 거 같은데…'

생각이 꼬리에 꼬리를 물고 이어지다 보니, 즐거워야 할 약속이 점점 귀찮아지기 시작합니다.

'태풍이 안 오면 좋을 텐데…'
'아마 걔도 지금 망설이고 있겠지? 그래도 만나자고 한 건 나니까 내가 먼저 취소하긴 좀 그렇지…'
'그렇지만 걔도 곤란할 텐데, 차라리 내가 먼저 말하는 게 낫지 않을까…'

하지만 결과가 나오지 않은 일에 대해 걱정하고 있기 때문에, 혼자 아무리 생각해 봐도 답을 구하기는 어려울 겁니다. 그래서 친구 B에게 전화를 걸어보는데, A씨와 달리 B는 기운찬 목소리로 전화를 받습니다.

"우리 토요일에 만나기로 한 거, 괜찮을까? 태풍이 온다던데."

"응, 알고 있어."

"그럼 어떻게 할까?"

"그날 상황 보고 정하자."

A 씨는 순간 맥이 풀리면서, 걱정을 거듭하느라 내내 우울했던 자신이 바보처럼 느껴졌다고 합니다. 사흘 뒤 약속 당일의 날씨나 태풍의 움직임같이, 아직 일어나지 않은 미래의 일을 지금 걱정해 봤자 달라지는 건 아무것도 없다는 걸 깨달은 거죠.

사실 친구 B도 A 씨처럼 '태풍이 와서 약속이 어그러지면 어떡하지?' 하고 걱정했습니다. 하지만 그것도 잠시, 해야 할 집안일을 하며 기분을 전환하고, 서서히 그 걱정을 머릿속에서 지워갔다네요. 아무 의미 없는 걱정을 계속해 봤자 내 기분만 나빠질 뿐이고, 지금 할 수 있는 일을 하는 게 내 기분을 나아지게 하는 최선의 방법이라는 걸 일찍이 깨달은 겁니다.

우리가 하는 걱정은 이렇게 사소하고, 막연한 게 대부분입니다. 걱정하는 데 에너지를 쏟지 않으면, 그 걱정은 나에게 아무런 피해도 입힐 수 없는 거죠. 괜히 먼저 걱정에게 먹이를 주고, 불쾌한 감정만 잔뜩 받아오지 말자는 뜻입니다.

지금 할 수 있는 것만
생각하라

부정적인 생각에서 벗어나지 못하는 사람은 사소하고 막연한 걱정도 '지금 당장 해결해야 할 큰 문제'로 느끼는 경향이 있습니다.

앞서 언급했던 A 씨처럼 기대했던 약속이 태풍 때문에 어그러질지도 모른다고 걱정하기 시작하면, 머릿속은 어느새 그 일로 가득 차서 안 좋은 결과만 끊임없이 생각하게 되죠.

잘 알다시피, 대부분의 걱정은 혼자 골똘히 생각한다고 해서 해결되지 않습니다. 그럴 때 적절한 행동은, 그 일에 대한 생각을 멈추는 거죠. 하지만 걱정이 많은 사람은 계속 생각하다 보면 어떻게든 해결될 거라는 착각에 빠집니다. 불안에 사로잡혀서, 더 이상 생각해 봤자 답이 나오지 않는다는 걸 깨달아도 자신의 의지로는 도저히 벗어나기 어려운 거죠.

이렇게 의지만으로 부정적인 생각을 멈추기 어려운 사람을 위한 대안이 있습니다. 바로 '지금 내가 할 수 있는 것'에 집중하는 겁니다. 내가 회사에 있다면 밀린 업무를 처리하는 것, 집에 있다면 저녁 식사를 준비하며 어떤 영화를 볼지 생각하는 것, 외출하려 한다면 어떤 옷을 입을지 고민하는 것이 있겠죠. 이렇게 깊게 생각하지 않아도 되는 단순한 일부터 해보세요.

놀랍게도 이런 일들은 걱정을 머릿속에서 밀어내고, 내 기분을 밝게 하는 데 도움이 됩니다. 사소한 성취가 주는 기쁨이 꽤 커서, 나쁜 감정이 파고드는 걸 막아버리거든요. 즉 몸을 움직여야 하거나 잠깐만 생각해도 답이 나오는 일, 결과가 분명한 일부터 처리해 보고, 내 기분이 나아지는 과정을 지켜보자는 거죠.

마음의 바깥으로
시선을 돌려라

늘 밝은 기분으로 살아가는 사람들에게는 한 가지 공통점이 있습니다. 바로 관심이 마음의 내부가 아닌, 마음의 바깥으로 향해 있다는 점이죠.

산책할 땐 거리의 풍경에 시선을 두고, 사람과 만나면 대화에 집중하고, 맛있는 음식을 먹을 땐 그 맛에 푹 빠질 줄 아는 것. 특별한 건 아니지만, 쓸데없는 걱정과 잡념에서 벗어날 수 있는 가장 쉬운 방법을 실천하고 있는 겁니다.

마음속 깊이 자리한 걱정, 불안, 불쾌한 감정을 들여다보기 시작하면, 하루를 우울하게 보낼 수밖에 없습니다. 내부의 자극에 집중하다 보면 외부의 자극에 예민해져서 외출하기 싫고, 사람을 피하게 되고, 뭘 먹고 싶다는 의욕조차 사라지게 되거든요.

즉 걱정을 걷잡을 수 없는 것처럼, 마음의 안쪽에 파고들기 시작하면 '불쾌한 감정 찾아내기'를 멈출 수 없게 됩니다. 당장 해야 할 일이 없으니 걱정되는 일이나 불안한 일, 떠올리고 싶지 않은 일을 괜히 들춰내는 거죠. 심지어 아무것도 아닌 일까지 끄집어내서 불안해하고, 신경 쓰지 않았던 일도 걱정하게 됩니다.

예를 들어 금요일에 상사의 피드백을 받지 못한 업무가 있다고 해봅시다. 상사의 생각이나 회사 사정에 따라 어떤 답이 올지는 다음 주가 되기 전까지 알 수 없습니다. 그래서 보통은 이런 일은 미뤄둔 채, 주말을 즐기는 데 집중하죠.

하지만 마음 안쪽의 불쾌한 감정을 자주 들여다보는 사람은, 나쁜 결과만 상상할 겁니다.

'왜 퇴근 전까지 답을 안 해준 거지? 내가 엉망으로 해서 고칠 게 많은가?'

'통과되지 않으면 어쩌지? 다른 계획이라도 세워야 하나?'

'근데 내 능력으로 할 수 있는 건 이것뿐인데…'

이렇게 답이 없는 문제를 붙잡고 끊임없이 생각하다 보면, 주말 내내 기분이 가라앉게 되는 거죠.

반대로 마음이 바깥으로 향해 있는 사람은 어떨까요? 물론 처음에는 걱정이 될 겁니다. 평소와 다른 낯선 상황에 놓이면 누구든 불안해지기 마련이니까요. 하지만 곧 이렇게 생각하겠죠.

'일단 재밌게 놀고, 월요일에 어떻게 되는지 보자!'

불쾌한 감정이 올라오려 할 때, 밝은 감정이 가득한 곳으로 시선을 확 돌려버리는 겁니다. 따뜻한 집, 붐비는 번화가, 웃고 있는 아이들의 무리로요.

몸이 움직이면
마음도 움직인다

일단 몸을 움직여 보는 것도 기분을 전환하기 좋은 방법입니다. 몸을 움직이면 자연스럽게 시선이 외부로 향하고, 불쾌한 감정을 들여다보기 어려워지거든요.

격한 운동을 하라는 게 아닙니다. 책상을 정리하거나, 근처 편의점에 다녀오는 것처럼 사소한 움직임이면 충분합니다.

여러분도 집에만 있다가 잠시 산책을 나갔는데, 기분이 한결 나아진 경험이 있을 겁니다. 불쾌한 감정에 사로잡혀 있다가도, 산책길에 있는 고양이를 보면 '귀엽다!' 하고 마음이 녹아내리고, '고양이에게 참치캔을 하나 사다 줄까?' 하는 새로운 생각이 떠오르죠. 이렇게 사소하지만 마음을 맑게 하는 경험이 쌓일수록 걱정과 불안은 점점 머릿속에서 사라지고, 마음도 훨씬 가벼워집니다.

밝은 기분을 되찾고 싶다면 지금 당장 할 수 있는 일이 뭔지 떠올려 보세요. 사소한 행동이라도, 머리 대신 몸을 쓰는 것이라면 모두 괜찮습니다.

물론 이런 생각에 갇혀 있는 분들도 있을 겁니다.

'근데 우울하거나 걱정이 많으면 움직일 마음조차 안 생기는걸…'

그렇다고 가만히 있으면 상황은 달라지지 않습니다. 무기력을 극복하고 움직여보는 건 자전거를 처음 탈 때와 비슷합니다. 처음에는 발을 떼고 페달을 밟는 게 두렵지만, 일단 한 번 페달을 밟을 수 있게 되면 그다음부터는 수월하게 나아갈 수 있죠. 마찬가지로 우울할 때 용기를 내어 집 밖으로 한 발자국만 내디뎌 본다면, 몸을 움직이는 일은 훨씬 더 쉬워질 겁니다.

엉덩이를 가볍게 하는 '아무튼' 법칙

 소위 '엉덩이가 무거운 사람'은 무언가를 하기 전에 먼저 실패할 가능성부터 떠올립니다.

 '밖에 나간다고 해도 즐거운 일이 있을 것 같지 않아. 괜히 피곤하기만 하겠지.'

 몸을 움직이지 않으려고 습관처럼 핑계를 만들어내는 거죠. 그러다 보니 매사에 의욕이 없고, 기분은 늘 축 처져있습니다.

 이런 사람은 인간관계에도 서툽니다.

 '휴일에 갑자기 연락하면 내가 제멋대로라고 생각하지 않을까?'

'이미 일정이 있을지도 모르는데, 괜히 만나자고 했다가 거절당하면 서운해질 거야.'

상대의 생각을 알지도 못하면서 '이럴 거야'라고 단정하고, 안 좋은 결과가 나올 거라고 섣불리 판단하는 겁니다. 이런 일이 반복되면 상대는 자신이 존중받지 못한다는 생각에 나에게서 멀어지게 되고, 나는 또 나대로 속이 상하게 됩니다. 매번 이런 식이니 불쾌한 감정에서 벗어나기 어려운 거죠.

즉 몸을 움직이지 않으려고 애쓰면 내 마음도 인간관계도 나쁜 쪽으로만 흘러갑니다. 기분은 바닥까지 내려앉을 거고요.

따라서 삶을 건강하게 가꾸기 위해서는, 핑계를 대지 말고 '아무튼' 해보자고 자신을 다독여야 합니다.

'시시할지도 모르지만 아무튼 나가볼까.'

'거절당할지도 모르지만 아무튼 전화라도 해보자.'

아무것도 하지 않고 축 처져있는 것보다는 나으니까요.

> ○ **아무튼 법칙** ○
> - 아무튼 바깥으로 나가본다
> - 아무튼 사람을 만나본다
> - 망설여질 때는 아무튼 해본다

 즐거운 일이 생길지 아닐지 미리 생각하지 말고 일단 밖으로 나가보세요. 친구가 바쁜지 아닌지 먼저 걱정하지 말고 일단 연락해 보세요. '아무튼'이라는 사고방식이 익숙해지면 몸을 더 가볍게 움직일 수 있게 될 겁니다. 그리고 그것이 기분을 밝게 유지시켜주는 힘이 되겠죠.

마음을 산뜻하게 하는 '일단은' 법칙

일단 움직여 봤는데 결과가 좋지 않았다면 어떻게 해야 할까요?

그럴 땐 아무것도 하지 않아도 괜찮습니다. 움직여 본다는 건 가라앉은 기분을 전환해 보려는 시도일 뿐입니다. 그 행동의 결과가 중요하지는 않은 거죠. 애초에 어떤 결과가 나올지는 누구도 예측할 수 없고요. 설령 움직여서 더 안 좋은 일이 일어났다고 하더라도 내 잘못이 아니고, 바꿀 수 있는 일도 아닙니다. 중요한 건 움직였다는 사실 자체와, 그 과정에서 생긴 내면의 변화죠.

그런데도 좋지 않은 결과에만 집착하면 다시 불쾌한 감정 속에 갇히게 될 됩니다.

예를 들어 누군가에게 용기를 내어 부탁했는데 사정이 있어 거절당했다고 해봅시다. 순간 속상할 수는 있지만, 어쩔 수 없는 일이니 받아들이고 다른 방법을 찾으면 그만입니다. 그런데 결과를 확대 해석해서 '앞으로는 누구도 내 부탁을 들어주지 않을 거야'라고 절망한다면, 불쾌한 감정은 더욱 커지고 우울에 빠지게 되겠죠.

사실 상대는 속으로 '오늘은 사정이 있어서 못 갔네, 아쉽다. 다음엔 내가 먼저 연락해야지'라고 생각하고 있었을지도 모릅니다. 그런데 상대가 무슨 생각을 하는지도 모르면서 혼자 오해하고 관계를 끊어버리면, 상대도 나도 괜히 기분만 나빠지겠죠.

요컨대 결과는 일시적일 뿐이라는 걸 기억해야 합니다.

밖에 나갔는데 비가 내린다면 일단 근처 가게에 들어가서 비를 피하면 됩니다. 부탁했다가 거절당했다면

'어쩔 수 없지' 하고 일단 넘기면 되는 거고요.

결과는 언제든 달라질 수 있으니, 마음에 들지 않는 결과라도 '일단' 받아들이고 다음을 준비하세요. 즐거운 일이 생기면 그 기분을 '일단' 마음껏 누려보세요. 지루해지면 그쯤에서 마무리하면 되고, 점점 더 재밌어지면 그 흐름에 몸을 맡기면 되는 겁니다.

계획대로 흘러가는
인생은 없다

결과에 실망하고, 기분이 나빠지는 건 결국 '완벽해야 한다'라는 생각 때문입니다.

모든 걸 완벽하게 계획해야 한다는 압박에서 벗어나면, 일이 조금 어긋나더라도 쉽게 불쾌해지지 않을 겁니다. 다시 말해 기분 좋은 하루를 보내고 싶다면, 마음속으로 지나치게 철저한 계획을 세워두는 건 금물입니다.

예를 들어 친구와 식사를 하고 싶어졌다고 해봅시다. 지금까지 드린 조언대로라면, 일단 연락해 보고, 거절당하더라도 다른 친구에게 연락하거나 혼자 식사하면 됩니다. 그러면 애초에 생각했던 것과 다른 결과가 나오더라도 크게 불쾌하지는 않겠죠.

하지만 이때 지나치게 철저한 계획을 세워뒀다면 어떨까요?

'약속 장소는 가로수 그늘이 예쁜 그 카페로 하고, 점심은 저번에 갔던 레스토랑에서 먹어야지. 쇼핑은 A백화점 명품전에서 하는 걸로 하고, 목마를 테니 맥주도 가볍게 한잔하고…'

이렇게 계획이 길어질수록, 이뤄지지 않았을 때의 실망도 커집니다. 친구가 연락을 받지 않는 것만으로도 맥이 풀리고, 내 시간과 에너지를 낭비했다는 생각에 금세 화가 나겠죠.

운 좋게 약속이 잡혀서 친구를 만나더라도 마찬가지입니다. 계획이 조금이라도 어그러지면 금세 기분이 상하게 됩니다.

'뭐? 점심 식사는 돈가스로 하자고? 오랜만에 만났는데 무슨 돈가스를 먹어. 괜찮은 레스토랑을 가는 게 낫지.'

이런 불만이 쌓이면 상대가 내 생각을 존중하지 않는다는 피해의식이 들고, 결국 하루가 전혀 즐겁지 않게 되죠.

우리가 계획을 세우는 건 결국 행복한 하루를 보내기 위해서입니다. 그러니 완벽하려는 마음은 내려놓고, 현재에 집중하며 즐기는 태도를 가져보는 건 어떨까요?

감정이 한곳에 고이지 않게 하라

결과가 기대에 미치지 못하거나 계획이 어긋난 상황에 대해 좀 더 얘기해 보겠습니다.

일상에서는 예상과 다른 일이 생겨도 '그럴 수 있지' 하고 받아들이는 게 기분을 밝게 유지하는 데 가장 효과적인 방법입니다.

이렇게 말하면 반박하는 분들도 있을 겁니다. 나쁜 결과를 쉽게 받아들이는 건 감정을 억누르고 참는 것과 다를 바 없다고요.

어느 정도는 맞는 말입니다. 업무 상 반드시 실행해야 하는 계획이 있고, 거기에 납득할 수 없는 결과가 나왔다면 얼마든지 논쟁을 벌여도 좋습니다. 그런 일이라면 자주 부딪혀보고, 여러 번 시도하는 게 오히려 성장에 도움이 되죠.

하지만 대부분의 일상적인 상황에서는 결과가 어떻게 되든 큰 문제가 되지 않습니다.

예를 들어 회사에서 점심 식사 메뉴를 정할 때 내 의견이 무시당했거나, 친구들과의 약속에서 점심 식사 장소가 갑자기 바뀌었다고 해봅시다. 순간 자존심이 상하고 기분이 나빠질 수 있지만, 차분히 생각해 보면 내 인생에 치명적인 흠집을 남길 일은 아닙니다. 남들도 곧 잊어버릴 일이고요. 그러니 일단 결과를 받아들이고, 더 나은 결과를 낼 수 있는 다른 일에 관심을 돌리는 게 내 마음을 지키는 현명한 방법입니다.

여기서 가장 중요한 건 감정이 고이게 하지 않는 겁니다.

'왜 그러지?', '맘에 안 들어', '내가 얼마나 애썼는데' 같은 생각에 붙들리면 불쾌한 감정과 계속 마주하게 되고, 그 크기는 점점 커져 내 생각을 온통 잠식하게 됩니다. 그렇게 되면 좋은 일이 생겨도 불쾌한 감정을 떨치기 어려워지겠죠.

그러니 못마땅한 결과가 나오더라도 일단 '그럴 수 있지' 하고 받아들이세요. 감정의 스위치를 한번 전환해 주는 것만으로도, 불쾌한 감정이 끝없이 고이는 일을 막을 수 있을 겁니다.

마음이 답답할 땐
사람을 만나라

    문득 기분이 울적하거나, 짜증이 솟구치거나, 모든 게 지루하게 느껴질 때가 있을 겁니다. 딱히 특별한 이유가 있는 게 아니라면 답은 하나입니다. 스트레스가 조금씩 쌓여 마음에 응어리가 생겨버린 거죠.

    이렇게 마음이 답답한 상태가 이어지면 사소한 일에도 화를 내기 쉽고, 다른 사람과 부딪히는 일도 많아집니다. 그리고 부정적인 생각에 빠져 어떻게든 내 마음이 힘든 이유를 찾으려 애쓰게 되죠.

    '회사에서 일이 잘 안 풀려서 그래.'

    '주변 사람들이 나를 막 대해서 예민해진 거야.'

'SNS 보니까 다들 잘 사는 것 같아서 질투가 나더라.'

하지만 앞서 말했듯, 사소하고 막연한 문제에서 비롯된 생각은 결코 해결책이 될 수 없습니다. 오히려 좋지 않은 기억만 떠올리게 해서 기분을 더 나쁘게 만들 뿐이죠.

마음이 답답할 때는 근본적인 이유를 알아내려는 시도가 오히려 독이 됩니다. 그러다 보면 마음 안쪽의 어두운 곳을 파고들게 되고, 심해지면 '모든 게 내 탓이야'라는 자책에 빠질 수도 있죠. 그러니 시선을 마음의 바깥으로 돌리고, 마음의 응어리를 덜어내는 것부터 시작해야 합니다.

이럴 때 가장 좋은 방법은 사람을 만나는 겁니다. 주위의 믿을 만한 사람들은 내 마음을 풀어주는 가장 든든한 존재거든요. 감정을 솔직하게 털어놓고, 그것을 공감하며 들어주는 대화를 잠시만 나눠도 답답했던 마음이 한결 가벼워질 겁니다. 마치 문제가 순식간에 풀린 듯한 후련함을 느낄 수 있죠.

예를 들어 친한 친구와 맛있는 음식을 먹거나 가볍게 술을 마시며 수다를 떨면, 울적했던 기분이 조금씩 풀립니다. 즐거운 대화 속에서 함께 웃다 보면 내가 울적했다는 사실조차 잊게 되죠.

결국 마음이 답답할 때 필요한 건 문제를 당장 해결하려는 게 아니라, 내 기분을 먼저 전환시키는 일입니다. 밝은 감정을 조금만 되찾아도 일에 대한 고민이나 인간관계의 피로는 금세 사라져 버리니까요.

떠오르는 생각을
다 믿지 마라

 우리가 기분이 나빠지는 이유 중 하나는 눈앞의 사실보다 자신의 생각을 더 크게 믿어버리기 때문입니다. 그래서 같은 말을 들어도 누구는 대수롭지 않게 넘기고, 누구는 내내 불쾌감에 사로잡히죠.

 상사의 잔소리를 들은 A 씨와 B 씨의 예를 들어보겠습니다.

 "A 씨, 이 거래처는 시간 약속을 정말 중요하게 생각해요. 꼭 약속 시간보다 5분은 일찍 도착하세요."

 "B 씨, 이 보고서는 부장님도 보실 거니까 실수 없도록 꼼꼼히 확인해 주세요."

A 씨와 B 씨 모두 이미 잘 알고 있는 내용이라, 괜한 지적처럼 들려 불쾌했을 겁니다.

하지만 A 씨는 상사의 말을 마음속에 담아두지 않았습니다. 다음 업무에 집중하며 곧 기운을 차렸죠.

반면 B 씨는 상사의 말을 계속 떠올렸습니다.

'사람들 다 있는 데서 그런 얘길 하다니… 내가 여전히 못 미덥나?'

'그런 식으로 말하면 다들 내가 늘 실수하는 사람이라고 생각할 거 아냐.'

'부장님에게 가서는 자기가 꼼꼼하게 지시했다고 말하겠지.'

'결국 항상 손해 보는 건 나야.'

실제로 있었던 일은 상사가 뻔한 잔소리를 했다는 것뿐인데, 생각이 많은 B 씨는 그 말에 숨은 의도를 억지로 찾아내려 했던 거죠.

어떤 사실을 확대 해석하며 생각을 거듭하는 건 자신을 불쾌한 감정의 구덩이로 끌고 가는 것과 다르지 않습니다. 사소한 말 한마디에도 괜히 상대를 의심하고 미워하게 되고, 기분은 바닥을 치게 되죠.

    그러니 불쾌한 일이 생기면, 그 상황에서 드러난 사실에만 집중하는 연습이 필요합니다. 당장 해결할 수 있는 일이라면 바로 시도하고, 해결할 수 없는 일이라면 일단 흘려보내세요. 괴로운 생각을 붙잡아 두는 일은 결국 내 마음만 상하게 만들 뿐입니다.

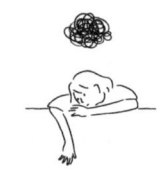

악의가 느껴지면
흘려들어라

누군가의 말에서 악의가 느껴질 때는 어떻게 해야 할까요?

답은 단순합니다. 괜히 파고들지 말고 흘려듣는 게 최선이죠. 상대가 진짜 악의를 가지고 있었는지는 확인하기 어렵고, 계속 생각할수록 내 기분만 상하는 일이니까요.

예를 들어 상사가 "일을 대충 하면 금세 티가 나더라"라고 말했다고 해봅시다. 악의를 느낀 부하직원이 "제가 일을 대충 했다는 말씀이신가요?"라고 물어도, 상사는 "그런 말은 안 했는데?" 하고 빠져나가 버릴 수 있어요. 또 "얼굴을 보니 어지간히 졸린 모양이지?" 하고 빈정거릴 때 "일은 제대로 하고 있는데요?"라고 받아치면, "누가 자네더러 뭐라고 했나?" 하고 얼버무릴 수도 있죠.

이렇게 은근히 악의가 담긴 듯한 말을 들으면 누구라도 불쾌해집니다. '불만이 있으면 대놓고 말하라고!'라는 말이 목까지 올라오고, 짜증이 나는 것도 당연하죠.

그렇다고 욱하며 반응해버리면 나만 예민한 사람이 될 뿐입니다. 앞선 예시처럼, 상대는 시치미를 떼고 빠져나갈 수 있거든요. 따라서 악의가 느껴져도 확실한 게 아니라면, 감정을 키우지 말고 담담히 넘기는 게 현명합니다.

"대충 하면 금세 티가 나더라" → "조심하겠습니다"
"어지간히 졸린 모양이지?" → "세수하고 오겠습니다"

이렇게 받아치면 나를 불쾌하게 하려던 상대도 한

순간에 맥이 빠질 겁니다. 그러고 나서는 담담하게 내일에 집중하면 되죠.

결국 중요한 건 상대의 말이 아니라 내 감정입니다. 악의가 느껴지는 말을 붙잡아 곱씹는 순간 불쾌감은 내 안에서만 자라나는 거죠. 그러니 필요 없는 말은 흘려듣고, 내 마음의 평정심을 되찾는 데 집중하세요. 그것이 나를 지키는 현명한 방법입니다.

가슴을 쫙 펴면 못 할 일이 없다

　기분을 바꾸고 싶을 때는 먼저 몸의 자세부터 바꿔 보는 것이 좋습니다. 사람의 몸과 마음은 연결되어 있어서 몸을 움츠리면 기분도 쉽게 가라앉고, 가슴을 활짝 펴면 기분도 한결 상쾌해집니다. 단순히 자세를 바르게 하는 것만으로도 기분 전환이 되는 거죠.

　이 작은 변화는 곧 자신감으로 이어집니다. 자세가 바르면 시선이 자연스럽게 앞으로 향하고, 말과 행동에도 힘이 붙거든요. 그러면 '어떤 상황도 이겨낼 수 있다'라는 자신에 대한 믿음이 생겨, 일이 잘 풀리지 않더라도 툭툭 털고 다시 도전할 수 있게 되죠.

이 자신감은 특히 인간관계에 큰 도움이 됩니다. '네가 아무리 나를 힘들게 해도, 나는 끄떡없을 거야' 라는 자신감이 있으면 인간관계에서 상처받는 일이 줄어듭니다. 무례한 말에 대꾸하지 않고, 가볍게 흘려버리게 되니까요.

그러니 나를 불쾌하게 만드는 사람을 마주하게 되면 일단 가슴을 쫙 펴고 자신감을 충전해 보세요. 그리고 그 사람의 말 한마디에 흔들리지 말고 담담하게 대응하세요. 스쳐 지나갈 사람의 말 한마디에 흔들리기에는, 여러분이 너무 소중하답니다.

4장

그때그때 가볍게 사는 기술

숙성되는 것과 썩는 것은 한 끗 차이다

 우리가 흔히 어른스럽다고 느끼는 사람은 인지적으로 성숙한 사람입니다. 어떤 상황을 맞닥뜨려도 당황하지 않고, 침착하게 해결해 내는 유형이죠.

 과거에는 이런 인지 능력을 주로 지적 발달에만 연관 지었습니다. 지식이 많고 객관적인 상황 판단 능력이 뛰어날수록 성숙하다고 여긴 겁니다. 그래서 어른이 되면 자연스럽게 인지적으로 성숙해진다고 믿었죠.

 하지만 요즘에는 단순히 지적 발달만으로는 그 사람이 얼마나 성숙한지 설명하기 어렵다는 인식이 커지고 있습니다. 나잇값을 못 하고 여기저기 민폐를 끼치거나, 사회생활을 오래 했어도 문제가 생기면 우왕좌왕하는 사람들이 늘어났거든요. 이제는 많이 안다고, 많이 경험했다고 해서 인지적으로 성숙하다고 할 수 없다는 겁니다.

결국 어떤 사람의 인지적 성숙도를 제대로 판단하려면, 감정 조절 능력과 사고방식도 함께 고려해야 합니다.

예를 하나 들어보겠습니다. 경력이 많고 업무에 능숙하지만, 늘 자기 생각이 옳다며 부하직원의 의견은 들으려 하지 않는 상사를 떠올려 보세요. 아무리 일을 잘해도 '프로답지 않다', '미성숙하다'라는 인상을 줄 겁니다.

즉 별것 아닌 일에 쉽게 화를 내고, 기분이 나쁘면 바로 티를 내며, 자기주장만 밀어붙여서 자주 갈등을 일으키는 사람은 능력과 상관없이 미성숙한 겁니다. 어른이 되어도 감정을 조절하지 못하고 융통성 없는 사고방식을 고집한다면, 감정을 주체하지 못하고 무작정 떼를 쓰는 어린아이와 다를 바가 없으니까요.

반면 나이가 어리고 지식이 부족해도 침착하게 문제를 해결하고, 타인을 이해하려 노력하는 사람은 인지적으로 성숙한 사람입니다. 남을 함부로 단정 짓지 않고, 감정에 쉽게 휘둘리지 않는 사람이야말로 진정으로 어른스러운 거죠.

똑똑한 사람일수록 확신하지 않는다

 감정 조절 능력에 따라 인지적 성숙도가 달라지는 이유에 대해 자세히 설명해 보겠습니다.

 문제를 침착하게 해결하려면 시야를 넓히고, 유연하게 사고해서 여러 가지 가능성을 살필 수 있어야 합니다. 즉 자신이 인지할 수 있는 범위가 넓을수록 성숙하게 판단할 가능성이 높아지는 거죠.

 하지만 순간의 감정에 쉽게 휘둘리는 사람은 인지 범위가 좁을 수밖에 없습니다. 감정이 앞서면 평정심을 잃어 주변의 상황이 머릿속에 잘 들어오지 않게 되고, 알고 있는 정보조차 바로바로 떠올리기 어려워집니다.

그러다 보니 섣불리 결론을 단정 지어버리게 되죠. 결국 남들 눈에는 쉽게 흥분하고, 미성숙하게 대처하는 사람으로 비치게 됩니다.

반대로 감정을 잘 조절하는 사람은 평정심을 유지할 수 있습니다. 그러면 상황을 바라보는 인지 범위가 서서히 넓어지고, 상대방의 말이나 상황에 따라 유연하게 대응할 수 있죠.

즉 감정을 절제하면 인지 범위가 넓어지고, 인지 범위가 넓어지면 섣불리 확신하지 않게 되며, 신중하고 똑똑한 판단을 할 수 있게 됩니다. 그리고 그 판단에서 성숙함이 드러나는 겁니다. 따라서 감정이 늘 예민하고 날 서 있는 사람은 인지적으로 미성숙해 보일 수밖에 없는 거죠.

업무 능력이 뛰어나지만, 부하직원의 존경을 받지 못하는 '권위적인 리더'가 대표적인 예시입니다. 이들은 경력이 많고 성실해서 빠르게 승진하지만, 늘 자기 주장만 밀어붙이고 부하직원의 의견은 들으려 하지 않아요. 이미 자기 생각이 맞다는 확신에 차 있기 때문에,

자신의 의견에 대한 반박은 듣고 싶지 않은 거죠. 듣자마자 기분이 불쾌해질 테니까요. 리더가 이렇게 융통성이 없고 감정적이라면, 아무리 유능한 사람들이 모인 팀이어도 좋은 성과를 낼 수 없을 겁니다.

세상을 흑과 백으로
나누지 마라

 인지적 성숙도를 결정하는 중요한 지표가 하나 더 있습니다. 바로 '극단적으로 생각하지 않는 것'입니다. 문제가 생겼을 때 '무조건 맞다', '무조건 틀리다'로 단정하지 않고, 'A는 맞지만, B는 틀리다', '틀린 건 없다'처럼 유연하게 결론을 내리는 능력이죠.

 쉬운 예시를 들어보겠습니다. 아이와 어른의 차이는 극단적으로 행동하지 않고, 적당한 선을 지킬 수 있느냐에 달려있습니다. 성숙한 어른은 맛있는 음식을 먹다가도 배가 부르면 '이쯤이면 됐어' 하고 멈추지만, 미성숙한 아이는 욕심을 부리며 배탈이 날 때까지 계속 먹습니다. 생각이 미성숙하면 스스로 절제하기가 어려운 거죠.

그래서 부모는 아이를 위해 또 다른 극단적인 규칙을 만듭니다. 약처럼 적당히 먹으면 도움이 되지만 많이 먹으면 해가 되는 건 아이 손이 닿지 않는 곳에 두고, "절대 먹으면 안 돼"라고 단호하게 가르치죠. 아이에게는 '적당히'라는 개념이 잡혀있지 않기 때문에, '절대'라는 극단적인 표현이 필요한 겁니다.

그렇게 미성숙한 사람의 세계는 극단적인 '흑백'의 세계가 됩니다. 모든 것을 흑 아니면 백으로 확실히 나눠야만 세상이 단순해지고, 살기 편하게 느껴지니까요.

하지만 어른이 되어서도 세상을 흑백으로만 바라본다면 문제가 있는 겁니다. 인지적으로 성숙해지면 자연스럽게 흑과 백 사이에도 중간 영역인 '회색 지대$_{gray\ zone}$'가 있다는 걸 알게 되거든요. 예전에는 독이라고만 생각했던 것도 적당히 먹으면 약이 될 수 있다는 걸 깨닫는 거죠. 그러면 흑백 논리가 얼마나 극단적인지 알게 될 겁니다. 그런데도 이분법적인 판단을 고수한다면, 몸은 어른이어도 내면은 아직 미성숙한 아이인 거죠.

너무 잘하려고
애쓰지 마라

'완벽해야 한다', '성공해야 한다'처럼 매사를 잘 해내야 한다고 생각하는 것을 'should(~해야 한다) 사고'라고 합니다. 이런 사고방식에 갇혀버리면 기대에 미치지 못하는 결과가 나왔을 때 크게 좌절하게 되고, 자신의 능력을 의심하며 자기혐오에 빠지기 쉽습니다.

즉 'should 사고'를 하는 사람은 스스로를 압박과 불안 속에 몰아넣게 됩니다.

사람은 누구나 컨디션의 기복이 있고, 때로는 실수도 하기 마련입니다. 아무리 능력이 뛰어나고 성실해도 늘 완벽할 수는 없는 거죠. 그런데도 '완벽'과 '성공'에 집착하면 오히려 목표를 달성하기 어려워집니다. 작은 실수에도 '다 망했어!' 하며 포기하고 싶어지거나, '난 능력이 없어!'라며 배움을 멈춰버릴 수도 있거든요. 그리고 내내 불쾌한 감정에 사로잡히고 말겠죠.

또, 'should 사고'를 가진 사람은 자신뿐만 아니라 타인에게도 과하게 엄격하기에, 인간관계가 어려워질 겁니다.

예를 들어 이런 사람이 옆자리 동료의 책상이 어질러져 있는 걸 보면 금세 기분이 나빠질 거고, 벌컥 화를 낼 수도 있습니다. '책상은 당연히 정돈해 놓아야지', '남에게 불쾌감을 주면 안 돼'라는 엄격한 기준을 세워두었기 때문에, 그 기준에서 벗어난 사람을 보면 쉽게 욱하는 거죠. 큰 피해를 주지 않는 이상, 대부분의 사람은 대수롭지 않게 넘어갈 문제인데도요.

이들은 자신의 기준만 강조하고, 타인의 기준은 외면하는 경향이 있습니다. 책상이 어질러져 있는 것처럼 보여도, 그 동료는 나름 정리를 해둔 걸 수도 있습니다. 주변 사람들을 불쾌하게 하려는 의도는 없었을지도 모르고요. 이렇게 되면 동료는 아무 잘못이 없는데도 쓴소리를 들은 셈이 되죠. 그러면 동료와의 관계는 당연히 서먹해질 겁니다.

그러니 너무 잘하려고 애쓰지 마세요. '완벽하지 않아도 괜찮아', '실패해도 괜찮아, 다시 일어서면 돼'라는 느슨한 사고방식이 오히려 목표를 이루게 하고, 건강한 인간관계를 만들어 줄 겁니다.

서툰 사람이
오히려 행복하다

'should 사고'에 대해 조금 더 얘기해 볼게요. 앞서 말했듯, 이런 사고방식을 가지고 있으면 쉽게 욱하고, 사소한 일에도 기분이 상하기 쉽습니다. 불쾌함을 견디는 힘이 약해지기 때문이죠.

반대로 'should 사고'에서 벗어나면 웬만한 실패나 실수에는 감정적으로 흔들리지 않을 겁니다. '완벽해야 한다'라는 강박에서 벗어나면 평정심을 되찾게 되고, 극단적인 사고도 줄어들 테니까요.

예를 들면 이런 겁니다. 남들보다 과제를 늦게 끝냈어도 '생각보다 오래 걸렸지만, 해내긴 했네!'라고 생각하는 것. 미완성에 가까운 결과물을 냈어도 '완벽하게 끝내진 못했지만, 처음치고는 잘한 거지!'라고 생각하는 것. 부족한 결과가 나오더라도 이렇게 긍정적으로 받아들이면 기분이 잘 상하지 않겠죠. 만약 기분이 상했다고 해도 금세 괜찮아질 거고요.

'should 사고'에 익숙한 사람의 눈에는 이런 태도가 거북하게 보일 수도 있습니다. 합리화로 만든 '가짜 행복'이라고 생각하는 거죠. 하지만 그것이 가짜 행복이라고 해도, 늘 신경이 곤두서 있는 채로 스스로를 옥죄는 것보다는 나을 겁니다. 타인에게도 관대해지니, 인간관계도 훨씬 좋아지겠죠.

즉 완벽을 추구하는 사람보다는, 조금 서툴더라도 긍정적인 사람이 감정을 더 잘 관리하는 겁니다.

언제나 밝은 사람을 떠올려 보세요. 이들은 내면이 안정되어 있어서 감정 기복이 적고, 주변 사람들에게 호감도 많이 얻습니다. 극단적인 생각에 치우치지 않으니 가볍게 살아갈 수 있을 거고요. 'should 사고'를 하는 사람보다는 행복할 수밖에 없는 거죠.

결국 다 지나간다는 사실을 기억하라

감정이 격해졌을 때 나도 모르게 폭언을 내뱉거나, 모든 걸 자책하게 된 적 있나요?

사람은 극한의 스트레스를 받으면 이성을 놓아버리곤 합니다. 아무리 머리가 좋고 평소에 침착한 사람이라도 예외적인 상황에서는 미성숙한 행동을 하게 되죠.

예를 들어 이별을 겪거나 믿었던 사람에게 배신당할 때가 있겠죠. 이럴 때는 순간적으로 화가 치밀고, 밀려오는 우울감에 한없이 무기력해집니다. 그러다 이렇게 다짐하기도 합니다.

'다시는 사랑하지 않을 거야!'

'그 사람이 아니면 다 소용없어!'

'앞으로 누구도 믿지 않겠어!'

이처럼 나쁜 감정이 커지면 극단적인 생각에 빠져 버립니다. 인지의 폭이 좁아져 긍정적인 미래를 떠올리지 못하고, 지금의 상황이 개선될 거라는 희망조차 품지 못하게 되는 거죠.

하지만 시간이 지나면 감정은 반드시 가라앉습니다. 대부분의 사람은 이별의 상처가 아물고 나면 다시 사랑에 빠지고, 배신을 겪었더라도 새로운 사람과 관계를 맺게 되죠.

즉 '결국 다 지나갈 감정'이라는 사실을 떠올리면 긍정적인 생각을 되찾는 데 도움이 될 겁니다.

'그래도 더 좋은 사람 만날 수 있을 거야.'

'더 신중하게 관계를 맺으면 돼.'

앞으로는 힘든 상황을 마주하게 될 때, 이렇게 스스로를 다독이며 감정을 다잡아 보는 건 어떨까요?

무조건 좋은 사람도, 나쁜 사람도 없다

건강한 인간관계를 맺으려면 무엇보다 극단적으로 생각하지 않는 연습이 필요합니다. 사람을 섣불리 판단하지 않아야 하는 거죠.

사람에 대한 편견을 가지는 건 결국 내 기분만 상하게 하는 일입니다.

예를 들어 '좋은 사람'이라고 믿었던 사람이 나에게 모진 말을 하면, 기대가 컸던 만큼 상처도 크게 받을 겁니다. 반대로 '나쁜 사람'이라고 단정 지은 사람이 나를 칭찬해도 기분은 언짢을 겁니다. 그 사람의 말을 곧이곧대로 받아들이지 못하고, '나를 비꼬는 건 아닐까?' 하고 의심하게 될 테니까요.

애초에 사람을 '좋은 사람'과 '나쁜 사람'으로 나누는 건 불가능합니다. 아무리 호감이 가는 사람이라도 마음에 안 드는 구석은 하나쯤 있기 마련이거든요. 반대로 아무리 미운 사람이라도 의외로 나와 잘 맞는 면이 있을 수 있죠. 결국 세상에 완전히 좋은 사람이나 완전히 나쁜 사람은 없는 셈입니다.

실제로 인간관계를 원만히 이어가는 사람들의 공통점은 타인을 함부로 평가하지 않는다는 데 있습니다. 이들은 주변 사람들을 '좋은 사람과 나쁜 사람', '내 편과 남의 편'으로 구분하지 않고, 상황에 맞게 누구와도 자연스럽게 어울리죠. 이들이 있는 자리는 언제나 즐겁고 편안할 겁니다.

그러니 새로운 사람을 만날 때 외모로 성격을 단정하거나 단점을 발견하려고 애쓰기보다는, 장점과 호감 가는 면을 먼저 보려는 연습을 해보세요. 관계는 훨씬 부드러워지고, 내 마음도 한층 가벼워질 테니까요.

단정 짓지 않으면
마음이 편해진다

 단정 짓는 버릇이 있는 사람은 늘 마음이 무거울 수밖에 없습니다. 무엇을 하든 한 가지 가능성만 생각하고, 틀림없이 그럴 거라 단정해 버리면 그 결과에 과하게 집착하게 되거든요. 그러다 원하던 결과가 나오지 않으면 실망은 배가 되고, 쉽게 좌절하고 말겠죠.

 예를 들어 이런 사람이 친구에게 "술 한잔할래?"라고 물었는데 거절당하거나, 동료들이 있는 자리에 다가가자마자 대화가 어색해진다면 어떨까요? 보통 사람이라면 '그럴 수 있지' 하고 넘길 문제지만, 이들은 불안해하며 확대 해석하기 시작할 겁니다. 인지 범위가 좁아져 있기 때문에, '거절당할 수 있다', '대화의 흐름이 끊길 수 있다'라는 단순한 사실을 쉽게 받아들이지 못하거든요.

'이제는 내가 불편한가 보네.'

'내 험담을 하고 있었던 거 아냐?'

이렇게 생각이 꼬리에 꼬리를 물다 보면 근거 없는 의심도 사실처럼 여기게 되고, 기분은 점점 나빠질 수밖에 없습니다.

하지만 친구가 거절한 건, 단순히 선약이 있거나 컨디션이 좋지 않았기 때문일 수도 있습니다. 대화가 갑자기 끊긴 건, 뒤에 있던 상사에게 수다 떠는 걸 들킬까 봐 조심했던 것이거나 이야기가 막 끝나던 참이었기 때문일 수도 있고요. 아무리 곱씹어 봐도 직접 물어보지 않는 이상 타인의 생각을 맞출 수는 없는 겁니다.

결국 마음을 평온하게 유지하려면 '뭔지는 잘 모르겠지만, 아무렴 어때' 하고 흘려보낼 수 있어야 합니다. 타인의 의도를 단정 지으려 할수록 내 마음만 더 괴로워질 테니까요.

인간관계에도
무죄추정이 필요하다

앞서 말했듯, 사람에게 편견을 가지기 시작하면 인간관계는 병들기 마련입니다. 그 사람이 어떤 행동을 해도 꼬아서 생각하게 되고, 그러다 보면 내 말과 행동이 날카로워질 수밖에 없으니까요.

무엇보다도 편견이 무서운 이유는 근거 없는 의심을 키운다는 점입니다. 처음에는 사소한 행동을 의심하다가, 결국 가까운 사람의 마음마저 의심하게 될 겁니다. 그러면 누구에게도 속마음을 편히 터놓지 못하고, 힘든 순간에도 아픔을 홀로 떠안게 되겠죠.

물론 사람에 대한 의심이 도움이 될 때도 있습니다.

겉으로는 친절해 보여도 속으로는 나를 이용하려는 마음을 가진 사람도 있으니까요.

하지만 그럴 때도 '저 사람은 나쁜 사람일 거야!'라는 생각은 금물입니다. 나를 진정으로 아껴 주는 사람까지 의심하게 될 수 있거든요.

대신 이렇게 생각해 보세요.

'친절한 사람인 것 같아. 그래도 조금 더 지켜보고, 천천히 다가가 보자.'

우리 법에도 '의심스러울 때는 피고인에게 유리하게'라는 엄격한 원칙이 있잖아요? 인간관계에도 마찬가지로 무죄추정이 필요합니다. 성급히 좋고 나쁨을 단정하지 말고, '가능성'의 영역에 두고 지켜보세요.

그러면 보다 객관적으로 사람을 바라볼 수 있게 되고, 누구와 함께 있을 때 내 기분이 좋아지는지도 알 수 있게 됩니다. 그리고 시간이 지나면 그 사람이 나에게 진심인지 아닌지는 자연스럽게 드러나겠죠. 중요한 건 그 과정에서 내 마음이 불필요하게 다치지 않도록 지키는 일입니다.

생각이 다르다고
적으로 생각하지 마라

나와 맞지 않거나 반대되는 생각을 한다고 해서 무작정 그 사람을 적으로 간주하면 결국 내 기분만 손해입니다. 그 사람이 어떤 행동을 해도 화가 치밀어 오르고, 괜히 맞서고 싶어질 테니까요.

실제로 누구에게나 유독 자주 부딪히고, 자기도 모르게 감정적으로 반응하게 되는 사람이 있습니다. 함께 있으면 사소한 말에도 쉽게 기분이 상하고, 심하면 그날의 기분 자체를 망치게 하는 사람이죠.

보통은 그런 사람과 거리를 두면 되지만, 현실적으로 피할 수 없는 경우도 있습니다. 그 사람이 직장 동료

라거나 1년 내내 같은 수업을 들어야 하는 동기라면 싫어도 같이 지낼 수밖에 없죠. 매일 얼굴을 마주하고, 업무를 주고받고, 길게 의견을 나눠야 할 상황도 생길 겁니다.

이렇게 상대를 바꿀 수 없고, 상황을 바꿀 수도 없을 때는 '내 마음가짐을 바꾸는 것'이 최선입니다. 감정적으로 대응하기보다 이성적으로 주어진 일을 해내는 데만 집중하세요. 협업해야 한다면 비즈니스적으로만 대하면 되고, 의견을 나눠야 한다면 핵심만 짧게 말하면 되는 겁니다.

굳이 친해지거나 고분고분할 필요는 없습니다. 애초에 마음이 맞지 않는 사람과는 가까워질수록 충돌이 잦아질 거고, 내 자존심도 상할 테니까요. 그저 너무 멀지도, 너무 가깝지도 않은 적당한 선을 두면 되는 거죠.

이렇게 불편한 사람을 적당히 미지근하게 대하면 앞으로 감정에 휘둘리는 일도 훨씬 줄어들 겁니다. 어쩌다 화가 나더라도 '안 맞으니까 어쩔 수 없지' 하고 넘길 수 있는 여유가 생길 테니까요.

내 마음이 위험하다는
3가지 신호

지금쯤이면 '나도 의외로 감정에 잘 휘둘리는구나', '생각보다 기분 관리를 잘하고 있었네'처럼 자신의 감정 패턴을 어느 정도 깨달았을 겁니다.

하지만 여전히 자신의 감정 패턴과 마음 상태를 잘 모르겠다면 이 세 가지를 점검해 보세요.

> ○ **내 마음이 위험하다는 신호** ○
> - 타인의 말에 이유 없이 짜증이 날 때가 많다
> - 조금만 실수해도 신경이 예민해지곤 한다
> - 스트레스를 받으면 자꾸 부정적인 상상만 떠오른다

이중 두 가지 이상에 해당한다면, 마음이 불안정한 상태일 수 있습니다. 스트레스에 취약하고, 감정 조절이 잘되지 않는 상태인 거죠.

그렇다고 자책할 필요는 없습니다. 오히려 내면을 더 성장시킬 수 있는 기회거든요. 이렇게 마음의 상태를 점검하고 내 언행을 돌아보면 나를 더 객관적으로 바라볼 수 있습니다. 내가 누군가를 일방적으로 단정 짓고 있진 않았는지, '완벽해야 한다'라는 생각에 스스로를 몰아붙이고 있진 않았는지 깨닫게 되고, 긍정적인 방향으로 바꿔나갈 수 있는 거죠.

누구에게나 감정에 휘둘리는 순간은 있습니다. 중요한 건 이제라도 감정의 소용돌이에서 벗어나 마음의 평화를 찾아가는 겁니다. 그러니 가끔은 내 마음을 돌아보는 시간을 꼭 가져보세요.

인생이 가벼워지는 '80퍼센트' 법칙

우리의 마음을 무겁게 하는 건 언제나 '완벽해야 한다'라는 생각입니다. 그렇다면 이 생각에서 벗어나 가볍게 살아가기 위해서는 어떻게 해야 할까요?

바로 '80퍼센트면 충분하다'라는 마음을 가지는 겁니다.

예를 들어 열심히 작성한 기획서를 상사에게 제출했다고 해봅시다. 그때 '내 보고서는 완벽해'라거나 '이건 무조건 통과될 거야'라고 믿고 있으면 결과에 내 마음이 크게 흔들릴 겁니다. 아주 사소한 지적이나 수정 요청에도 금세 기분이 상하겠죠.

하지만 '이 정도면 잘했어', '통과될 가능성이 높겠는걸?'이라고 생각하면 어떤 결과가 나와도 크게 흔들리지 않을 겁니다. 적어도 '반드시'라는 기대를 걸었을 때보다는 속이 덜 상하겠죠.

잘 생각해 보면 우리가 어떤 일을 아무리 열심히 잘 해낸다고 해도, 모든 사람에게 똑같이 좋은 평가를 받을 수는 없습니다. 각자의 기준과 시각이 다르기 때문이죠.

결국 아무리 잘 만든 기획서라고 해도, 통과될 확률은 애초에 100퍼센트일 수 없는 겁니다. 따라서 '완벽', '반드시'라는 단정을 해두면 실망할 수밖에 없죠.

하지만 20퍼센트의 예외를 가정하면 훨씬 여유가 생기고, 전처럼 실망하지는 않을 겁니다. 사람은 마음에 조금의 여유만 생겨도 감정을 조절하기가 쉬워지거든요.

처음부터 기획서를 수정해야 할 수도 있다고 생각하면, 지적이나 수정 요청이 들어왔다고 불쾌해지지는 않을 겁니다. 오히려 '수정만 거치면 통과될 가능성이 훨씬 높아지겠네!'라는 생각에 기분이 좋아질 수도 있죠.

즉 열심히는 하되, 완벽보다 조금 더 느슨한 목표를 세우는 게 좋습니다. 그러면 매사에 가벼운 마음으로 임할 수 있고, 결과에도 크게 연연하지 않을 수 있는 거죠. 그리고 그 기준선을 '내가 생각하는 완벽한 수준'에서 80퍼센트 정도에 두면 가장 이상적인 겁니다.

5장
어떤 상황에서도 침착함을 유지하는 기술

누구나
사소한 공황을 겪는다

보통 '공황'이라고 하면 숨이 가빠지고 심하면 의식을 잃는 공황발작을 떠올립니다. 하지만 여기서 말하는 것은 그보다 작은 차원의 공황입니다. 갑작스러운 일에 적절히 대처하지 못해 마음속에 혼란이 일어나는 '사소한 공황'이죠.

공황발작과 달리, 이런 사소한 공황은 일상에서 누구나 겪을 수 있습니다.

예를 들면 이런 겁니다.

- 화가 나면 공격적인 말투로 상대를 몰아붙이는 것
- 당황하면 눈물부터 나와버리는 것
- 긴장하면 말문이 막히거나 횡설수설하는 것

이렇게 감정을 조절하지 못하는 모습을 보이고 나면, 곧바로 후회와 자책감이 몰려옵니다. 나만 유독 미숙한 것 같고, 뭘 해도 잘 해내지 못할 것 같은 생각이 들죠.

하지만 앞서 말했듯, 사소한 공황은 누구에게나 나타납니다. 내가 특히 부족해서 겪는 것도 아니고, 세상이 유독 가혹해서 생기는 문제도 아닙니다. 스트레스를 받을 수 있는 환경에 놓였다면, 침착하고 성숙한 사람이어도 겪을 수 있는 자연스러운 현상이죠.

따라서 알아야 할 건 '공황을 전혀 겪지 않는 방법'이 아니라, '공황을 겪었을 때 대처하는 방법'입니다. 사소한 공황을 겪었다고 해서 후회와 자책감에 빠질 게 아니라, 공황 증세를 최소화하고 자신의 모습을 성찰하며 극복하려는 의지를 다져야 하는 거죠.

이제부터는 이런 사소한 공황 속에서도 침착함을 유지하고, 나를 긍정적으로 변화시키는 방법에 대해 알아보겠습니다.

최악의 시나리오를
쓰지 마라

공황에 빠지기 쉬운 사람의 특징을 말씀드리겠습니다.

이들은 평소 감정 상태가 단순히 나쁜 수준을 넘어, 늘 걱정하거나 긴장하고 있는 경우가 많습니다. 그러다 누군가와 대화를 나누면 그 말뜻을 계속 곱씹으며 극단적인 생각에 빠지죠. 한마디로 마음에 여유가 없고, 낮은 자존감과 피해의식을 달고 사는 겁니다.

이런 상태에서는 친구에게 부탁을 했다가 거절당하기만 해도 화가 치밀어 오르고, 감정을 마구 쏟아낼 수 있습니다. 그 거절 하나에 자신의 모든 가치를 부정당한 것처럼 느껴지기 때문이죠. 다른 방법을 떠올리거나, '어쩔 수 없지' 하고 흘려버리지도 못합니다. 거절당했다는 사실 하나에만 꽂혀 다른 건 눈에 들어오지도 않을 테니까요. 즉 '모 아니면 도' 식으로 단정 짓기 시작하면 공황에 빠질 가능성이 높아집니다.

그중에서도 가장 두드러지는 특징은, 일어날 수 있는 수많은 결과 중에서 유독 최악의 상황만을 떠올린다는 점입니다.

예를 들어 이런 유형의 사람이 직장에서 새로운 프로젝트를 맡게 되면, 긍정적인 가능성은 외면한 채 부정적인 전망에만 집착하는 경향이 있습니다. 프로젝트를 열심히 준비한 사람들의 입장은 고려하지 않고, 자신의 걱정만 앞세워 찬물을 끼얹는 거죠. 설령 진행이 되더라도 작은 실수 하나에 크게 흔들리기 쉽습니다.

앞으로 일어날 일은 그 누구도 알 수 없는데도, '반드시 잘못될 것'이라는 극단적인 생각에 빠지는 거죠. 그러니 어떤 일을 시작하기도 전에 지레 겁을 먹고, 기분이 불쾌해질 수밖에 없습니다.

이렇게 최악의 시나리오만 떠올리면 나에게도 좋지 않고, 타인에게도 민폐가 됩니다. 불안이 현실처럼 느껴져 판단력과 사고력이 떨어지고, 평소 같으면 하지 않을 무례한 말이나 불쾌한 행동을 하게 되거든요. 안 그래도 감정 조절 능력이 부족한데, 이제는 아예 조절이 불가능해지는 겁니다.

따라서 감정을 절제하고 건강한 일상을 이어가고 싶다면 최악의 상황만 떠올리는 습관은 반드시 고쳐야 합니다. 그 대신 최선의 상황을 그리며 의지를 다지는 게 필요하죠.

언제든
다시 일어설 수 있다

야구 경기를 보면 좋은 투구를 이어가다가도 상대의 홈런 한 방에 평정심을 잃고, 경기를 완전히 망쳐버리는 투수가 있습니다. 그러고는 이렇게 말하죠.

"그 홈런만 없었어도 괜찮았을 거예요."

반면 같은 상황에서 크게 흔들리지 않고 경기를 이어가는 투수도 있습니다. 이런 사람의 생각은 단순합니다.

"지나간 건 어쩔 수 없잖아요. 빨리 잊으려고 했어요."

두 사람의 차이는 안 좋은 상황을 겪었을 때, '공황

에 빠지지 않도록 마음을 다잡을 수 있느냐'에 있습니다. 안 좋은 상황을 확대 해석하고 계속 곱씹으면 공황으로 이어지지만, 훌훌 털어버리면 집중력을 금세 되찾을 수 있죠.

앞의 예시처럼, 상대의 홈런을 보고 '이걸로 끝이야'라고 받아들이는 투수는 무너지지만, '이제부터 시작이야.'라고 받아들이는 투수는 흔들리지 않고, 오히려 의지를 불태울 수도 있는 겁니다. 실제로 승부는 아직 끝나지 않았고, 냉정을 되찾는다면 충분히 역전할 수도 있으니까요.

공황은 이런 식으로 일어납니다. 눈앞의 사건 하나만으로 모든 미래가 결정됐다고 착각하면, 평정심을 잃고 절망에 빠지는 거죠. 하지만 우리의 인생은 그렇게 단순하지도, 쉽게 끝나지도 않습니다.

그러니 하염없이 주저앉게 될 때도, 언제든 다시 일어설 수 있다는 사실을 꼭 기억하세요.

괴로워할 시간에 해결책을 찾아라

안 좋은 상황을 맞닥뜨렸을 때, 성숙한 사람은 해결책부터 떠올립니다.

이미 벌어진 일을 곱씹어 봤자 기분만 나빠질 뿐, 문제는 전혀 해결되지 않는다는 걸 알기 때문이죠. 반대로 해결책을 찾기 시작하면 기분이 전환되고, 불쾌감을 일으킨 문제도 차츰 해소할 수 있습니다. 괴로워할 시간에 해결책을 찾는 게 일거양득인 거죠.

예를 들어 성숙한 상사는 부하직원이 큰 실수를 해도 질책부터 하지 않습니다. 오히려 '어떻게 수습할까?'에 집중하며 부하직원의 의견을 들어보고, 함께 해결하려 하죠. 화를 쏟아내며 실수를 질책해 봤자 상황은 나아지지 않고, 두 사람의 기분만 더 나빠질 테니까요.

또, 성숙한 사람은 초조해하지 않습니다.

초조한 상태에서는 인지의 폭이 좁아져 적절한 결론을 내리기 어렵기 때문입니다. 단순하고 극단적인 결론을 내기 쉬워지는 거죠.

예를 들어 중요한 약속에 늦을 것 같은 상황을 떠올려 봅시다. 침착하게 생각해 보면, 상대에게 미리 연락해서 상황을 설명하는 게 가장 현실적이고 서로의 기분을 지킬 수 있는 방법입니다. 그래서 성숙한 사람은 곧바로 상대에게 전화를 걸어 양해를 구하죠.

하지만 '빨리 해결해야 한다'라는 조급함에 사로잡히면 이렇게 쉬운 방법조차 떠오르지 않을 겁니다. 준비도 제대로 못한 채 허둥지둥 나가거나, 힘들게 뛰어가는 선택만 하게 될 수 있죠.

즉 괴로운 상황을 겪게 될 때 우리가 할 수 있는 최선은 침착하게 해결책을 찾는 겁니다. 내 마음과 인간관계를 모두 건강하게 유지하는 이상적인 방법이죠.

냉정을 되찾는
'지금은 일단' 사고법

감정에 쉽게 휘둘리는 사람은 남의 말을 제대로 듣지 않는 경향이 있습니다. 자기감정을 쏟아내는 데만 혈안이 되면, 상대의 감정을 받아들일 여유가 없어지기 때문이죠.

그러다 보니 다른 사람들은 처음엔 이들의 상대를 해주다가도, 시간이 지나면서 점점 피하게 됩니다. 설명해 봤자 듣지도 않고 화만 내니, 하고 싶은 말이 있어도 쉽게 꺼낼 수가 없는 거죠. 안타깝게도, 그럴 때마다 이들은 자신이 무시당한다는 생각에 분노를 더 크게 터뜨리게 됩니다.

"지금 나를 무시하는 거야?!"

"왜 항상 입을 다물고 있는 거야?!"

"애초에 나랑 잘 지내고 싶기는 해?!"

이런 공격적인 말을 내뱉는 사이, 스스로도 더 흥분해버립니다. 원래 감정적이고 날이 서 있는 말은 듣는 사람뿐만 아니라 말하는 사람에게도 감정적 스트레스를 주니까요. 게다가 자신을 제어하지 못하는 상태라면 그 스트레스는 배로 커질 수밖에 없습니다.

여러분도 충분히 이런 상황을 겪을 수 있습니다. 만약 그렇게 된다면, 끓어오르는 분노를 가라앉히는 게 먼저입니다. 그리고 이럴 때 도움이 되는 게 '지금은 일단'이라는 말입니다.

'지금은 화를 낼 때가 아니야. 일단 문제부터 해결하자.'

'지금은 말을 해봤자 소용없어. 일단 서로 떨어져 지내보자.'

이렇게 마음속으로 되뇌면 우리의 뇌는 서서히 이성을 되찾고, 불쾌한 감정은 밀려나기 시작할 겁니다.

그러고 나면 침착하게 해결책을 찾을 수도 있죠.

그러니 마음이 무너질 것 같을 때, 감정을 쏟아내고 싶을 때 이 말 하나만 떠올려 보세요.

'지금은 일단'

이 한마디가 감정의 브레이크가 되어 줄 겁니다.

황소처럼 달려들면
살짝만 비켜 서라

앞서 말했던, 자기감정을 쏟아내는 데 혈안이 되어 있는 유형에 대해 조금 더 살펴봅시다.

이들은 애초에 남의 말을 들으려 하지 않거나, 듣다가 중간에 끊어버리곤 합니다. 듣지 못한 부분에 대해서는 자기 마음대로 단정해 버리고, 결국 오해를 키우는 경우가 많죠.

그렇다고 꼭 공격적으로 말을 끊는 유형만 있는 건 아닙니다. 상대가 잠시 머뭇거리기만 해도 "말하기 싫으면 됐어" 하며 대화를 끝내는 사람도 있죠. 겉으로는 배려하는 듯 보이지만, 알고 보면 회피 성향이 극에 달해서 화를 자신의 마음속에만 쌓아두고 있는 겁니다.

공격적인 쪽이든 소극적인 쪽이든, 상대의 반응을 회피하는 태도는 공황으로 이어지기 쉽습니다. 타인의 의도를 정확히 알 수 없으니 억측만 늘어나고, 그만큼 불쾌한 감정도 커지기 때문이죠. 그러다 보면 감정을 주체하지 못해 주위 사람들까지 당황하게 만드는 겁니다.

이렇게 고집을 피우며 남의 말을 듣지 않다가 혼자 오해하고 난리를 피우는 사람들에게 맞서는 건, 그다지 좋은 방법이 아닙니다. 애초에 남의 말을 들을 준비가 되어 있지 않은 사람들이기도 하고, 흥분한 상태에서는 더욱 소통이 어려워지거든요.

예를 들어 팀 프로젝트에서 누군가가 뒤처졌다고 해봅시다. 그러면 어김없이 "이거 어떻게 할 거야! 당신 때문에 전체 일정이 밀렸잖아! 사과한다고 끝날 일이 아니라고!" 하고 화를 쏟아내는 사람이 있을 겁니다. 사실은 다른 사람들이 조금만 도와주면 금세 해결될 문제인데도 말이죠.

즉 진짜 문제는 '누군가가 뒤처진다'라는 사실이 아니라, '감정을 쏟아내는 데만 혈안이 되어 있는 사람이 팀에 있다'라는 거죠. 이럴 때 가장 현명한 대응은 맞서 싸우는 게 아니라, 얼어붙은 분위기를 풀어주는 겁니다. 화를 내는 사람과 따로 나가 바람을 쐬며 진정할 시간을 주는 게 좋겠죠. 괜히 '별것도 아닌데 왜 그러세요?'라고 지적해 봤자 화만 돋우는 꼴이 되어, 일은 더 지연되고 말 테니까요.

결국 이렇게 황소처럼 달려드는 상대가 있다면 살짝만 비켜서는 게 답입니다. 그가 침착함을 되찾을 시간을 주고, 이후에 차분하게 다시 대화를 이어가면 되는 거죠.

100점을 기대하면 90점에도 화가 난다

수익이 난다는 말만 믿고 주식을 샀다가 손해를 본 적 있나요? 처음에는 반드시 돈을 벌게 될 거라는 기대에 가슴이 두근거리지만, 주식 가격이 조금이라도 떨어지는 걸 보게 되면 기대한 만큼 큰 좌절감에 빠지게 되죠.

우리의 삶도 마찬가지입니다. 아직 결정되지 않은 미래를 단정 짓는 건, 자신을 스트레스에 더 취약하게 만드는 일입니다.

예를 들어 결과에 크게 연연하지 않고 시험을 열심히 준비한다면, 90점을 맞았을 때 크게 기뻐하게 될 겁니다. 하지만 '반드시 100점을 맞아야 한다'라는 생각을 가지고 있었다면, 90점에도 화가 나겠죠.

또, 근거 없는 확신은 판단력과 사고력까지 흐리게 만듭니다.

주식의 예를 다시 들어보겠습니다. 만약 편안한 마음으로 주식을 사면, 조금 하락한다고 해도 평정심을 유지하며 상승할 때까지 침착하게 지켜볼 수 있을 겁니다. 하지만 확신에 가득 차서 주식을 사면, 조금만 가격이 떨어져도 겁에 질려 곧장 팔아버리거나, 고집을 부리며 끝까지 팔지 못하겠죠. 이유는 간단합니다. 이런 사람은 예상과 다른 결과가 나오면 공황에 빠져서 이성적으로 판단하지 못하고, 무작정 자기 생각을 밀어붙이게 되거든요.

하지만 알다시피 현실에서는 일이든 인간관계든 계획대로 흘러가지 않는 경우가 많습니다. 과정도, 결과도 대부분은 예상과 다르게 흘러가죠. 너무 큰 기대는 반드시 좌절되기 마련이고, 내 마음을 아프게 할 겁니다.

그래서 공황에 빠지지 않으려면 어떤 일을 시작할 때 처음부터 너무 확신하지 말고, 어느 정도 방향만 잡아두는 '적당함'이 필요합니다.

물론 '적당함'을 유지하는 게 어렵고 불안한 분들도 있을 겁니다. 그렇다면 최후의 선을 하나 정해두세요. 가령, 협상이나 회의를 하기 전에 '이 정도까지만 양보하자'라는 선을 미리 정해두고, 그 선을 넘어서는 요구는 단호히 거절하는 거죠.

이 방법은 인간관계에도 활용할 수 있습니다. 잘 안 맞는 사람이 있다면, 그 사람에게 억지로 맞추지 말고 '여기까지만 참자'라는 선을 정해두세요. 미지근한 관계로 지내다가, 상대방이 그 선을 넘으면 관계를 정리하면 되니까요.

이렇게 적당한 방향만 정해 두거나, 최후의 선을 정해 두면 마음이 한층 가벼워질 겁니다.

행동이 없으면
변화도 없다

무슨 일이든 될지 안될지는 직접 해 보기 전에는 모릅니다. 일단 부딪혀 봤는데 성공한다면 당연히 기쁜 일이고, 실패한다고 해도 '그래도 해볼 만했어. 다음엔 더 잘될 수도 있어!' 하며 의욕을 얻을 수도 있죠.

한마디로, 변화하고자 한다면 부족하더라도 일단 행동하고 봐야 한다는 말입니다.

하지만 실패를 과하게 두려워하는 사람은 좀처럼 행동하려 하지 않습니다. '어차피 실패할 텐데' 하며 부정적인 시나리오만 써 내려가는 거죠.

예를 들어 어떤 시험에 합격할 확률이 90퍼센트, 불

합격할 확률이 10퍼센트라고 해봅시다. 긍정적인 사람은 '성공할 확률이 90퍼센트나 되네!'라고 생각하고, 기꺼이 도전할 겁니다. 하지만 부정적인 사람은 '실패할 확률이 10퍼센트나 되잖아…' 하고 포기해버리겠죠. 부정적인 생각이 우리를 현명하지 못한 선택으로 이끄는 겁니다.

하지만 10퍼센트의 실패가 두려워서 아무것도 하지 않는 건 너무 아깝지 않나요? 90퍼센트의 성공 가능성까지 스스로 포기하는 셈이니까요. 그러니 결과에 대한 생각은 비우고, 관심이 가는 일이 있다면 일단 도전해 봅시다. 여러분에게는 그만한 가능성이 충분하니까요!

실패를 떠올리면
성공에서 멀어진다

 어떤 일에 대한 성공 확률이 100퍼센트거나 0퍼센트인 경우는 거의 없습니다. 그래서 성공 확률이 1퍼센트여도 실제로는 성공할 수 있고, 성공 확률이 99퍼센트여도 실패할 수 있죠. 결국 일상에서 확률을 따져보는 건 큰 도움이 되지 않아요.

 그런데도 확률에 집착하기 시작하면 스스로를 불안에 빠뜨릴 뿐입니다.

 예를 들어 시험을 치르기 전에도 이런 생각에 빠져버리는 사람이 있다고 해봅시다.

 '합격률이 90퍼센트라고? 10퍼센트는 떨어진다는

거잖아? 내가 떨어지면 어떡하지?'

이런 불안한 상태로 시험을 보게 된다면 어떤 일이 일어날까요?

사소한 실수에도 크게 흔들리게 되고, 평정심을 잃고 말 겁니다. 그러다 보면 충분히 합격할 수 있었던 시험에서 떨어지는 안타까운 일을 겪을 수도 있겠죠.

즉 실패를 떠올리는 순간, 성공에서 멀어지는 법입니다.

스포츠에서도 비슷한 일이 자주 벌어집니다. 상대를 압도할 실력을 갖췄는데도 한번 실수하면 흐름을 잃어버리는 팀이 꼭 있죠. 이런 상황도 알고 보면 '이러다 질 수도 있다'라는 실패에 대한 불안으로 일어난 겁니다.

그러니 어떤 일에 도전하고, 성공하고 싶다면 굳이 실패할 가능성을 떠올리지 마세요. '반드시 성공해야 한다'라는 생각만큼, '실패하면 어쩌지?'라는 생각도 우리에게 스트레스만을 줄 뿐입니다.

수학적 확률에
내 인생을 맡기지 마라

확률을 따져보는 게 항상 안 좋은 건 아니에요.

예를 들어 의료 현장에서는 큰 도움이 되겠죠. 의사가 수술 전에 '성공 확률이 80퍼센트'라거나 수술 후 '생존율이 50퍼센트'라고 설명하는 건, 환자나 가족이 적절한 판단을 내리는 데 참고할 지표가 될 겁니다.

하지만 앞서 말했듯, 일상 속에서는 큰 도움이 되지 않습니다. 업무나 시험, 스포츠처럼 도전해야만 결과를 알 수 있는 경우라면 더더욱 그렇죠. 통계적인 확률이 그대로 내 결과로 이어지는 게 아니고, 마음만 불안해질 뿐이니까요.

예를 들어 상사가 "지금까지의 자네 실적으로 보면 승진할 확률은 50퍼센트 정도 되겠네"라고 말했다고 해서, 정말 내가 승진할 확률이 딱 50퍼센트인 걸까요? 당연히 앞으로 내가 어떻게 업무를 처리하느냐에 따라, 또 회사 상황이 어떻냐에 따라 크게 달라지겠죠. 어찌 되었건 상사가 말한 확률에 집착하는 건 의미가 없습니다.

수험생이라면 더 그렇습니다. 학기 초 시험을 치르고 점수를 따져 보니, 원하는 대학에 합격할 가능성이 20퍼센트로 나왔다고 해봅시다. 하지만 그렇다고 포기해버리는 건 정말 아쉬운 일 아닐까요? 아직 남은 시간이 있으니 지금부터라도 할 수 있다고 믿고 최선을 다하는 게 실제로 합격에 가까워지는 방법일 겁니다.

결국 어떤 일이든 확률에 개의치 않고, 내가 할 수 있는 최선을 다하면 됩니다. 스스로를 믿을 때 비로소 마음이 가벼워지고, 삶도 단단해지는 거죠.

타인의 시선에서
나를 바라본다

공황에 빠지지 않기 위한 가장 효과적인 기술을 소개하겠습니다.

바로 자기 관찰self-watching입니다.

○ **자기 관찰** ○
- 지금 내 감정, 태도, 말을 유심히 들여다보기
- 지금 내 사고방식, 판단을 스스로 점검하기
- 지금 내가 차분한 상태인지 감정적인 상태인지 살펴보기

이 3가지를 통해 내 마음의 상태를 점검해 보는 거죠.

그래도 여전히 잘 모르겠다면, 타인의 시선에서 스스로가 어떤 사람인지 떠올려 보세요. 자신이 존경하는 사람의 시선에서 바라봐도 좋고, 늘 침착한 태도를 잃지 않는 친구나 동료의 시선에서 바라봐도 괜찮아요. 내가 본받고 싶은 사람이기만 하면 됩니다.

그리고 천천히 '그 사람이라면 어떻게 할까?'를 떠올려 보는 겁니다. 마음이 복잡하고 조바심이 날 때 그 사람이 어떻게 행동할지를 상상해 보는 거죠.

'당황스러운 상황이기는 하지만, 별일 아니니까 차분하게 생각해 보자.'

'화를 내봤자 소용없어. 일단 문제를 해결해 보자.'

이런 식으로 말이죠. 그러다 보면 '나도 그 사람처럼 되고 싶어'라는 생각이 들고, 서서히 긍정적으로 변화하게 될 겁니다.

6장

망설이지 않고
행동하는 기술

바꿀 수 없는 것은
그냥 내버려둔다

불쾌한 감정에서 벗어나려면 나를 불쾌하게 만든 일을 내버려두는 것부터 시작해야 합니다. 그 일을 붙잡아 두며 불쾌감을 더 키우지 말고, 다른 일에 시선을 돌려보세요. 스트레스받는 상황이나 타인의 무례한 말 한마디를 곱씹는 대신, 내가 지금 당장 할 수 있는 일에 집중해 보는 거죠.

이렇게 바꿀 수 없는 건 잠시 내려놓고, 쉽게 바꿀 수 있는 것부터 해나가는 게 기분을 좋게 하는 비결입니다. 바꿀 수 있는 일에 집중하다 보면 불쾌감은 사라지고, 설렘과 성취감으로 마음이 채워지거든요.

주위에 한 명쯤 있는, 누구에게나 친절하고 분위기를 환하게 만드는 사람을 떠올려 보세요. 그런 사람은 대부분 행동력이 좋습니다. 생각이 의미 없이 길어지기 전에 답을 내고 바로 실천에 옮기죠. 즉 바꿀 수 없는 불쾌한 일을 신경 쓰지 않으니 늘 좋은 기분으로 살 수 있는 겁니다.

물론 아무리 밝은 사람도 감정에 휘둘릴 때가 있습니다. 하지만 그럴 때도 이들은 나쁜 감정을 오래 끌고 가지 않으려고 합니다. 화가 나도 뒤끝 없이 해결을 보려고 하고, 스스로 잘못했다고 느끼면 눈물이 차올라도 꾹 참고 사과하죠. 이미 지나간 일은 바꿀 수 없지만, 자신의 기분은 바꿀 수 있다는 점을 알고 있는 겁니다.

반면 계속 감정을 분출하는 사람은 어떻게든 나쁜 감정을 오래 끌고 가려고 합니다. 이미 끝난 일에 대해 불평을 늘어놓거나 남 탓을 하고, 후회를 반복하는 거죠. 어쩐지 미련해 보이지 않나요?

결국 바꿀 수 없는 일에 집착하는 건 나에게도 좋

지 않고, 타인에게도 피해를 주는 행동일 뿐입니다. 기분이 가라앉고 불쾌한 감정이 발목을 잡을 때일수록 뿌리치고 일어설 수 있어야 하는 거죠. 그러니 어떤 일로 마음을 앓고 있다면, 일단 다른 일부터 하나씩 처리해 보세요. 그러면 굳어 있던 마음도 점점 풀릴 겁니다.

나를 가로막는 건
언제나 나다

　망설이지 않고 바로 행동하는 사람이 되는 방법을 알려드리겠습니다.
　먼저, 자신만의 행동 기준을 가져야 합니다. 가령, '성공 확률이 50퍼센트라면 일단 도전해 본다'라는 기준을 마음속에 정해두는 거죠.
　또, 나를 망설이게 만드는 생각은 빠르게 떨쳐내야 합니다. 대신 긍정적인 미래를 그려보는 거죠. '실패하면 어쩌지'는 '실패해도 괜찮아'로, '지금까지 잘 안됐는데, 뭐'는 '이번이 마지막 기회일지도 몰라'로 바꿔보는 겁니다.

하지만 현실에서는 호기롭게 도전하겠다고 마음먹었다가도, 결국에는 흐지부지 포기해버리는 경우가 많습니다. 오히려 애매하게 부정적인 생각이 우리를 주저하게 만드는 거죠.

'생각해 봤는데 아무래도 어려울 것 같아. 처음에는 재미있을지 몰라도, 하다 보면 질릴 것 같아.'

'그 친구를 만나고 싶기는 한데, 사는 환경이나 생각이 너무 달라져서 어색하기만 할지도 몰라.'

이렇게 실천 직전까지 갔다가, '어쩔 수 없었다'라는 식으로 자기합리화를 해버리는 겁니다. 당연히 실제 행동으로 옮기지 않았으니, 처음부터 포기해 버린 거나 다름없습니다.

원래 좋은 결과와 나쁜 결과가 모두 예상될 때는, 일단 좋은 결과에 집중해야 합니다. 적어도 일상 속 상황에서는 그렇습니다. 좋은 결과를 상상하기 시작하면, 적극적으로 행동할 용기가 생기니까요.

예를 들어 친구와의 식사를 앞두고 '재밌는 시간이 될 거야'라고 생각한다고 합시다. 그러면 하고 싶은 이야기를 편하게 나누게 될 거고, 마음이 편해지니 기분도 저절로 풀릴 겁니다. 하지만 '오랜만에 만나는 거라 어색할 것 같은데…'라고 걱정하기 시작하면 내내 긴장하게 될 겁니다. 그러면 마음 편히 이야기를 건네지도 못하고, 음식도 잘 넘어가지 않아 기분이 언짢아지겠죠.

결국 나를 가로막는 건 언제나 나 자신입니다. 스스로를 믿고 행동할 때 비로소 마음이 편해지고, 일상도 한층 가벼워질 겁니다.

'만약'이라는 단어를
인생에서 버린다

 알다시피 인생이 어떻게 흘러갈지 완벽하게 예상할 수 있는 사람은 없습니다. 이 세상은 속마음을 알 수 없는 타인들과 함께 살아가야 하는 곳이기 때문입니다. 타인이 내 행동에 대해 어떤 반응을 보일지 모르기 때문에, 모든 게 내 생각대로 흘러가기는 어려운 거죠.

 예를 들어 내가 아무리 자신 있게 내세운 프로젝트라도 상대는 시큰둥한 반응을 보일 수도 있습니다. 또, 발표를 열심히 준비했어도 시작하자마자 내용을 까먹어 버려 임기응변으로 대응해야 할 수도 있는 겁니다.

 따라서 일어나지도 않은 미래를 계속 떠올리는 습

관은 우리에게 도움 될 게 딱히 없습니다. 오히려 나쁜 상상이 끼어들어 우리의 기분을 불쾌하게 하거나, 행동을 망설이게 만들 수도 있죠.

성숙한 사람은 앞으로 일어날 일에 대해 굳이 오래 생각하지 않습니다. 불필요한 감정 때문에 일을 그르치고 싶지 않으니까요.

반대로 감정 조절에 서툰 사람은 미래를 떠올리다가 그만 부정적인 생각에 빠져버립니다. 처음에는 긍정적인 결과를 떠올리려다가도, 생각이 길어지면 점점 부정적인 결과까지 상상하게 되거든요.

이미 우울하거나 화가 난 상태라면 더더욱 최악의 결과만 머릿속을 맴돌게 될 겁니다. 그러다 보면 고지를 앞두고도 '아무래도 안 될 것 같아', '괜히 했다가 더 힘들어지겠지' 하며 멈춰버릴 수 있습니다. 불쾌한 감정에서 벗어나기는 더 어려워지고요.

그러니 '만약'이라는 말로 스스로를 힘들게 하지 마세요. 대신 지금 눈앞에 있는 일에 집중하며 직접 좋은 미래를 만들어 가세요.

안 하는 것보다
하는 게 무조건 낫다

무언가를 할지 말지 오래 고민해 본 적 있나요? 보통 이렇게 고민이 길어지는 일은 일단 해보는 쪽이 훨씬 나은 경우가 많습니다.

예를 들어 무기력한 날에 혼자 산책을 나갈지 말지 망설이고 있다고 해봅시다. 막상 집을 나섰을 때는 귀찮음에 '괜히 나왔나?'라는 생각이 들 수도 있습니다. 하지만 시간이 지나고 나면 조금만 걸어도 기분이 전환되고, 우연히 맛있는 식당을 발견하는 등 새로운 경험을 하게 되죠. 그러면 결국 '나오길 잘했네'라는 생각으로 바뀝니다.

실제로 우리는 어떤 행동을 하고 나면 '해보길 잘했다'라는 생각이 들 때가 더 많습니다. 몸을 움직이면 마음도 자연스럽게 맑아지거든요. 비록 기대했던 결과가 아니더라도, 예상치 못한 즐거운 일이나 새로운 사람을 마주하는 일이 마음에 쌓인 응어리를 없애줍니다. 반대로 가만히 있으면 아무 일도 일어나지 않고, 불쾌한 감정만 쌓일 뿐입니다.

그러니 지금 고민되는 일이 있으면 망설이지 말고 일단 시작하세요. 무기력하다면 뭐라도 해보시고요. 회사 일이 잘 풀리지 않는다면 퇴근 후 약속을 잡아서 기분을 전환해 보고, 집에 누워만 있게 된다면 책상 정리라도 해보는 겁니다.

이렇게 사소한 행동이어도 가만히 있을 때보다는 기분이 한결 나아질 겁니다.

잘 되면 좋고,
아니면 말고

 감정에 쉽게 휘둘리는 사람은 '아무것도 안 하는 것보다는 뭐라도 하는 게 낫다'라는 말을 좀처럼 받아들이지 못합니다. 준비를 제대로 하지 않은 채 시도했다가, 생각보다 큰 스트레스를 받게 될 수도 있다는 이유죠.

 실제로 무작정 시도하게 되면 준비가 되었을 때보다 더 많은 수고가 들기는 합니다.

 예를 들어 관계에 미숙한 사람이 이제라도 인간관계를 개선하려 한다고 해봅시다. 그러면 관계를 거의 새로 맺어야 해서 보통 사람보다 더 큰 노력을 기울

여야겠죠. 거기에서 오는 스트레스도 분명히 있을 겁니다.

하지만 그렇게 받는 스트레스보다, 일단 시도해서 문제를 개선하게 되었을 때의 만족감이 훨씬 크다는 것도 사실입니다.

예를 들어 인간관계 초심자일수록 오히려 사소한 노력만으로도 분위기를 쉽게 바꿀 수 있습니다. 웃으며 인사를 건네보기만 해도, 상대는 '생각보다 밝은 사람이었네!' 하고 마음이 누그러지게 되겠죠. 그러다 보면 사람들에게서 전과는 확연히 다른 호의를 느끼게 될 겁니다. 즉 노력하느라 받은 스트레스에 비해, 결과에 대한 만족감이 훨씬 클 수밖에 없다는 거죠.

'걷는 게 건강에 좋다지만 내일 아침에 산책 한번 한다고 뭐가 달라지겠어.'

'여행은 길게 가야 의미가 있지. 당일치기는 피곤하기만 할 거야.'

'그 식당의 음식이 아무리 맛있어도 결국 다 거기서 거기 아니야?'

이런 생각들은 '어중간한 시도는 부정적인 결과를 부를 뿐이다'라는 잘못된 믿음에서 나옵니다. 하지만 앞서 말했듯, 사소한 노력만으로 대단한 변화를 불러올 수 있는 일은 수도 없이 많습니다. 사실 대부분의 일이 그렇죠.

그러니 매사에 '잘 되면 좋고, 아니면 말고'라는 생각으로 가볍게 임해보세요. 그러면 부담도 덜어지고, 만족감도 더 크게 느껴질 테니까요.

할 수 있는 만큼만
하면 된다

　망설이지 않고 곧장 행동할 줄 아는 사람은 '근본적인 문제를 해결해야 해'라고 생각하지 않습니다. 대신 '지금 할 수 있는 일부터 하자'라고 생각하죠. 한 번에 해결하려고 마음먹으면 부담이 돼서 좀처럼 시작하기가 어렵다는 걸 알기 때문입니다.

　실제로 대부분의 상황에서는 처음부터 완벽하게 해결하려 애쓰는 것보다 사소한 것부터 하나둘 해결해 나가는 게 더 낫습니다. 조금씩 노력하다 보면 점점 상황이 풀리고, 결국 해답에 가까워지기 마련이거든요. 반대로 너무 잘하려고 하면 상황이 조금만 안 풀려도 당황하게 되고, 금방 좌절해버리고 말겠죠.

예를 들어 회의 시작 30분 전, 나눠 줄 보고서에서 사소한 오타를 발견했다고 해봅시다. 행동력 있는 사람은 '지금이라도 발견해서 다행이야!'라고 생각하고 수정 작업에 돌입하겠죠. 하지만 행동력이 부족한 사람은 '이거 하나 수정한다고 뭐가 달라지나? 이러면 다른 곳에도 오타가 있을 것 같은데, 문서 전체를 아예 수정해야 하는 거 아니야?'라고 생각하며 안절부절못하다가 시간만 흘려보냅니다. 결국 더 완성도 높은 보고서를 제출하는 건 행동력 있는 사람일 겁니다.

이렇게 행동을 주저하는 사람은 늘 '그건 임시방편일 뿐이잖아'라며 핑계를 댑니다. 임시방편이라고 해도 시작도 안 하고 불만만 떠벌리는 것보다는 훨씬 나은데 말이죠. 또, 불만만 떠벌리다 보면 나중에 해야 할 일이 계속 늘어나고, 의욕도 점점 바닥나겠죠.

따라서 일의 성취를 위해서도, 내 마음을 가볍게 하기 위해서도 '지금 할 수 있는 만큼만 해보자.'라는 생각이 중요한 겁니다.

인생에 정답은 없다
선택만 있을 뿐

　인생에서 완벽한 답을 찾는 건 불가능합니다. 그때그때 상황에 따른 선택만 있을 뿐이죠. 그런데도 정답이 있다고 믿고 단 하나의 방법만 고집한다면, 일이 조금만 틀어져도 크게 불쾌해질 겁니다. 말했듯, 기대가 크면 실망도 큰 법이니까요.

　또, 이런 사람은 자신에게 스트레스를 줄 뿐만 아니라 타인에게도 불쾌감을 줍니다.

　이들은 매사에 '단 하나의 정답'을 마음속에 정해두고, 어떻게든 상대를 설득하려 애씁니다. 하지만 애초에 완벽한 정답은 없기 때문에 상대 입장에서는 받아들이기 어려울 거고, 자기 입장만을 고수하는 사람을 불쾌하게 생각하게 되겠죠.

심지어 그런 상태가 계속되다 보면 상대도 마찬가지로 감정적으로 나오게 될 겁니다. '어차피 이 사람도 자기 말만 하는데, 나도 내 할 말만 하지 뭐'라고 생각하게 되는 거죠. 그러면 서로 불쾌해지기만 하고, 문제는 전혀 해결할 수 없는 겁니다.

결국 중요한 건 정답을 찾는 게 아니라, 상황에 따라 유연하게 선택하고 그 결과를 겸허히 받아들이는 태도입니다. 선택이 기대에 미치지 못했더라도, 거기서 배운 것을 토대로 다음을 준비하면 충분히 의미 있는 경험이 되죠.

인간관계에서도, 모두를 만족시킬 만한 답은 없다는 걸 인정해야 합니다. 누군가 나와 다른 길을 택한다고 틀린 길인 건 아니죠. 이런 마음을 가지면 서로를 더욱 존중하게 되고, 건강한 관계를 만들어갈 수 있을 겁니다.

인생은 정답을 찾아야만 하는 시험이 아니라, 선택을 통한 배움의 연속이라는 걸 기억하세요.

일단 해 보면
무엇이든 해결된다

 사실 대부분의 사람은 지금 무엇을 해야 하는지, 어떻게 하는 게 최선인지 마음속으로는 어렴풋이 알고 있습니다. 그래서 힘든 상황을 겪으면 알아서 해결 방법을 떠올려보곤 하죠.

 '가만히 있으면 기분이 나아질 리 없어. 이럴 땐 밖에 나가서 산책이라도 하는 게 맞아.'

 '불쾌한 일은 오늘 안에 잊는 게 제일 좋겠지? 맥주라도 한잔해야겠다.'

 하지만 안타깝게도, 여기까지가 한계인 경우가 많습니다. 처음에는 긍정적인 미래를 떠올리다가도, 시간이 지나면 점점 나쁜 상상이 머릿속을 차지하게 되거든요.

'근데 산책한다고 해서 기분이 나아진다는 보장이 있나?'

'맥주를 마셨다가 괜히 더 우울해질 수도 있어.'

이렇게 생각을 거듭할수록, 간단히 해결할 수 있는 문제조차 회피하는 방향으로 빠지는 겁니다.

즉 해결 방법을 조금이라도 알고 있다면, 주저하지 말고 바로 시도하는 게 중요합니다. 방법을 아는데도 외면하며 이것저것 따지다 보면 움직이기 귀찮아지고, 부정적인 결과만 그려보게 되니까요.

'일단 해 보는 것'의 가장 큰 장점은 시도해 보다가 아니다 싶으면 언제든 멈출 수 있다는 점입니다. 그렇게 스스로 시도와 피드백을 반복하다 보면 문제 해결에 점점 더 가까워지겠죠. 설령 기대와 다른 결과가 나오더라도, '다시 시도하면 된다'라는 자신감이 있으니 크게 신경 쓰지 않고 넘길 수 있을 겁니다.

그러니 내면의 소리를 따라서 일단 시도해 보는 습

관을 들이세요. 새로 생긴 식당을 발견하고 '어떤 맛일까?'라는 생각이 든다면 기꺼이 들어가서 식사해 보고, 발표를 망치고 '자료를 더 조사했다면 괜찮았을 것 같아'라는 생각이 든다면 추가로 조사해 보는 겁니다. 이런 습관이 자리 잡으면 앞으로의 일도 한결 수월해질 겁니다.

결과를 알고 싶다면
시도부터 해라

'해봤자 의미 없는 일이야.'

'틀림없이 실패할 거야.'

'고생만 하게 될 거야.'

우리는 왜 이렇게 결과를 섣불리 단정 짓고 마는 걸까요? '의미 없는 일', '실패한 일', '고생만 한 일'로 기억되는 것조차도, 일단 시도해 봐야 알 수 있는 겁니다. 진정으로 결과를 알고 싶다면, 가만히 앉아 온갖 가능성을 유추해 볼 게 아니라 지금 당장 시도해 보는 게 맞는 거죠.

실제로 결과를 걱정하다가도 '일단 해보는 게 맞겠

지'라고 생각하며 홀홀 털어버리고 일어나는 사람이 있어요. 우리는 이런 사람들을 보면 멋있고 성숙하다는 느낌을 받죠. 행동력이 부족한 사람조차도 일단 시도하고 보는 게 현명하다는 걸 마음속으로는 알고 있는 겁니다.

그러니 결과가 어떻게 나올지 걱정된다면 직접 시도하고 결과를 내보세요.

이렇게 움직이다 보면 마음이 훨씬 가벼워져서 어떤 결과가 나오더라도 의외로 담담히 받아들이게 될 겁니다. 결과가 아닌 과정에서 더 많은 것을 얻을 수 있다는 걸 깨달을 테니까요.

그리고 시도하는 것에 점점 자신감이 붙어서, 어떤 일이든 결국에는 잘 될 거라는 마음가짐이 들어설 겁니다. 즉 행동력이 생기면 자연스럽게 긍정적인 사람이 되어가는 거죠. 행동력 있는 사람이 늘 밝아 보이는 것도 이런 이유에서입니다.

이들은 행동력이 부족한 사람에게 늘 이렇게 조언합니다.

"괜찮아, 일단 해보면 어떻게든 될 거야."

"부끄럽긴 했지만, 막상 해 보니 별거 아니더라."

"기대보다 못한 결과가 나와도 내가 신경 쓰지 않으면 그만이던데?"

이건 결코 거짓말도, 용기를 주려고 일부러 과장한 말도 아닙니다. 시도를 거듭하다 깨달은 점을 솔직하게 전달하는 것뿐이죠.

스스로 행동력이 부족한 것 같다면, 이들의 조언을 따라가 보세요. 일단 시도하고, 다양한 경험을 하며 많은 것을 배워가는 겁니다.

인생은
작은 담력 시험의 반복이다

우리는 처음에는 못할 거라고 생각했던 일도 어느새 자연스럽게 해내곤 합니다.

회사에 처음 들어가 신입사원이 되었을 때를 떠올려 보세요. 능숙하게 일을 처리하는 상사를 보며 '나도 저렇게 할 수 있을까?' 하고 자신 없어 했던 적이 있을 겁니다.

하지만 회사에 들어간 지 몇 년이 지나면 어느새 그런 일을 당연하다는 듯 해내고 있죠. 그건 단순히 시간이 지나서가 아닙니다.

"이번 프로젝트는 자네가 맡아 봐."

"그 의견, 회의 때 직접 말해 봐."

이런 말을 들었을 때 긴장되고 두려웠겠지만, 마음을 다잡고 부딪쳐 봤기 때문에 해낼 수 있었던 거죠.

아이들이 자전거 타는 법을 배우는 것도 비슷합니다. 보조바퀴나 부모의 손에 의지하는 것만으로는 자전거를 제대로 탈 수 없습니다. 언젠가 용기 내어 혼자 힘으로 페달을 밟기 시작해야만 비로소 자전거를 탈 수 있게 되죠. 어떤 일이든 두려움을 깨고 도전해 봐야 실력이 늘고, 성취감을 느낄 수 있는 겁니다.

그런데 나이를 먹을수록 이런 작은 '담력 시험'을 회피해 버리는 경우가 많습니다. 새로운 시도에 대한 부담이 너무 큰 나머지, 머릿속에서 시뮬레이션만 돌리고 실제로 행동하지는 않는 거죠.

하지만 언제까지고 도전을 피할 수는 없습니다. 우리의 인생은 작은 담력 시험의 연속이거든요. 수치심과 두려움을 넘어 새로운 경험을 하게 될 때마다 우리의 세계는 조금씩 더 넓어집니다. 가볍게라도 행동해 보는 사람만이 인생을 제대로 즐길 수 있는 거죠.

7장
사소한 일로 끙끙대지 않는 기술

긍정적으로 받아들이면
못할 일이 없다

누군가는 긍정적인 사람을 보고 '너무 긍정적이라 손해만 볼 것 같다'라고 하지만, 사실 긍정적인 사람이 매사를 더 잘해내는 경향이 있습니다. 긍정적인 마음을 가지면 자신감이 높아지고, 안 좋은 상황에 놓여도 감정적으로 동요하지 않게 되거든요.

까다로운 거래처를 능숙하게 다루어 낸 A 씨의 예를 들어보겠습니다.

A 씨가 속한 회사는 요즘 협조적이지 않은 거래처 때문에 골머리를 썩이고 있었습니다. 새로 바뀐 거래처 사장이 신경질적인 사람이라, 잘 되던 일조차 갑자기

취소하며 여러 번 문제를 일으켰죠. 설상가상으로, 스트레스를 받은 담당자가 더 이상 일을 못하겠다며 퇴사를 해버렸습니다. 그러다 A 씨에게 업무가 넘어갔죠. 다른 직원들은 A 씨를 걱정했지만, 정작 본인은 아주 담담하게 받아들였습니다.

'오히려 좋은 기회야! 까다로운 거래처를 잘 다뤄낸다면 승진에 가까워질지도 몰라!'

그리고 실제로 거래처와의 문제를 완만하게 해결했죠.

이렇게 긍정적인 사람은 좋은 결과부터 떠올립니다. 이런 태도를 가지면 사소한 일에 감정적으로 흔들리지 않고, 침착하게 문제를 바라볼 수 있게 되죠. 그러면 나쁜 결과부터 생각해서 도전을 망설이는 사람들보다 훨씬 더 현명하게 문제를 처리할 수 있을 거고요.

좋은 결과를 떠올리는 걸 보고 누군가는 '현실적이지 못하다'라고 지적하지만, 오히려 긍정적인 사람이 상황을 더 현실적으로 바라보고 있는 경우가 많습니다. '어차피 이미 정해진 결과는 받아들일 수밖에 없어. 그러니 지금 할 수 있는 것에 집중하자!'라는 긍정적인 생각 자체가, 바꿀 수 있는 것과 바꿀 수 없는 것을 객관적으로 파악했다는 신호니까요.

예를 들어 부서 이동이나 승진 누락같이 회사에 다니는 이상 피할 수 없는 나쁜 상황들이 있습니다. 좀처럼 받아들이기 어렵겠지만, 어차피 결정된 일이니 납득하고 더 열심히 하는 게 가장 현명한 방법이겠죠.

이때 '이제 나는 아무것도 못 할 거야' 하고 절망해 버리는 사람은 계속 나쁜 상황을 겪을 수밖에 없습니다. 자신감이 떨어져 자신을 성장시켜줄 새로운 도전을 피하게 될 테니까요.

반대로 '이번은 어쩔 수 없고, 다음을 노려 보자'라고 생각하는 사람은 긍정적인 변화를 맞이할 가능성이 큽니다. 자신을 성찰하고 발전을 도모하는 태도가 곧 단단한 실력으로 이어지기 때문입니다.

그러니 힘든 상황에서도 긍정적인 마음을 가져 보세요. 그 마음이 나를 다시 일어서게 만들어 줄 겁니다.

당신은 당신이
생각한 것보다 강하다

살다 보면 크고 작은 여러 일이 닥치곤 합니다.

예를 들어 직장에서 예상치 못한 실수를 해서 상사에게 지적을 받는 경우가 있습니다. 아이가 아프거나 부모님이 편찮으시거나 소중한 가족과 다투는 일도 생기고요. 오랜 친구와 연을 끊게 되거나 사랑하는 사람과 이별을 맞이하기도 하죠.

그러다 보면 차라리 혼자 틀어박혀 사는 게 나을 것 같다는 생각이 들 겁니다. 하지만 한편으로는 외로울 것 같다는 생각도 들겠죠.

즉 아무리 열심히 살거나 아무리 조용히 살아간다

고 해도, 사람이라면 반드시 예상치 못한 골치 아픈 일을 겪게 된다는 겁니다.

하지만 막상 사회생활을 하다 보면 이런 일들을 입 밖으로 꺼내는 사람은 거의 없습니다. 다들 문제를 완벽하게 해결했기 때문일까요? 당연히 아닐 겁니다. '모든 일이 완벽할 수는 없다'라는 사실을 받아들이고, 그저 지금 이 순간에 집중하며 살아갈 뿐인 거죠.

실제로 아무리 고통스러운 일이어도 대부분은 시간이 지나면 자연스럽게 해결되기 마련입니다. 오늘 업무 실수를 했어도 내일 잘 수습하면 될 일이고, 가족과 크게 다퉜다면 서로의 감정이 가라앉기를 기다렸다가 대화를 해보면 되고, 마음에 안 드는 사람과는 자연스럽게 멀어지면 그만이죠.

따라서 사소한 일 하나하나에 휘둘릴 필요는 없습니다. 어차피 시간이 지나면 해결될 문제를 붙잡고 불쾌한 감정만 키우는 꼴이니까요. 그럴 시간에 차라리 지금 할 수 있는 일에 집중하면 기분도 나아지고, 내면도 단단해질 겁니다.

결국 우리는 스스로가 생각하는 것보다 훨씬 강한 존재입니다. 힘든 일을 마주한 순간에는 모든 게 무너지는 것 같겠지만, 막상 지나고 나면 '그래도 잘 이겨냈네'라는 생각에 스스로가 대견해지겠죠. 그러니 어떤 어려움이 찾아오더라도 자신을 믿고 이겨내시길 바랍니다.

필요 이상의 사과는
하지 마라

'이 사람, 나 때문에 분명 화가 났을 거야.'

'내가 괜히 폐를 끼쳤어. 잘하지도 못하면서 왜 내가 한다고 했을까.'

이처럼 누가 뭐라고 하지도 않았는데 무조건 자기 잘못이라고 단정 짓는 사람이 있습니다. 이렇게 자책하는 습관이 있다는 건 자신감이 부족하고, 새로운 시도에 대한 두려움도 크다는 겁니다. 이러면 사소한 실수에도 크게 위축되고 말겠죠.

사실 이것저것 행동하다 보면 실수도 하고, 타인과 갈등을 겪는 건 당연한 일입니다. 하지만 이것들을 죄다 '내 잘못에서 비롯된 일'이라고 단정 짓기 시작하면 서서히 아무 행동도 하지 않게 되고, 늘 무기력한 상태로 지내게 될 겁니다. 따라서 자책하는 습관이 있다면 모든 일이 자기 잘못에서 비롯되지는 않는다는 것부터 받아들여야 합니다.

내가 어떤 행동을 하면 반드시 나를 못마땅해하는 사람도 생깁니다. 가령, 사정이 생겨 약속을 취소했을 때, 누군가는 이유를 따져보지도 않고 나를 무례한 사람이라고 생각할 수도 있는 거죠.

하지만 내가 어떤 행동을 했을 때 나를 응원해 주는 사람도 생깁니다. 내 사정을 걱정해 주는 사람도 있고, 아무렇지 않게 넘어가 주는 사람도 있는 거죠.

즉 중요한 건 이미 일어난 결과가 아니라, '내가 그 결과를 어떻게 받아들이느냐'입니다. 회사에서 업무 실수를 했어도 '누군가는 내 노력을 좋게 봐줄 거야'라고 생각하면 되고, 친한 친구와 멀어지게 되어도 '더 좋은 인연이 있을 거야'라고 긍정적으로 받아들이면 그만이죠.

그러니 '내가 부족해서 그래', '내가 불쾌하게 대해서 그래' 같은 생각은 더 이상 하지 마세요. 필요 이상의 자책은 내 마음만 아프게 할 뿐입니다.

가끔은
약한 모습을 보여도 괜찮다

아무리 강한 사람이어도, 가끔은 마음이 약해질 때가 있는 법입니다. 한없이 우울해지거나, 사소한 실수를 밤새 떠올리게 될 때도 있는 거죠.

그럴 때 내 곁에 나를 위로해 주는 사람이 있으면 매우 든든하다는 생각이 들 겁니다. 앞서 말했듯, 막연한 걱정이나 불안은 혼자 끙끙 앓는다고 해결되지 않거든요. 누군가에게 털어놓는 순간 마음이 한결 가벼워지고, 상대가 진심 어린 공감까지 해준다면 더욱 마음이 편안해지겠죠.

하지만 타인에게 절대 약한 모습을 보이지 않으려

고 하는 사람도 있습니다. 그런 모습을 보다 못한 친구가 무슨 일이냐고 물어도 표정만 굳힌 채 아무 말도 하지 않는 사람 말이죠. 이런 일이 반복되다 보면 결국 곁에서 마음 써줄 사람도 하나둘 떠나가게 됩니다. 아무리 착한 사람이어도 축 처져있기만 하는 사람을 보다 보면 '그냥 내버려두는 게 맞겠지'라는 생각을 하게 되거든요.

예를 들어 오랜만에 기분 좋게 술이나 한잔하려고 친구를 불렀는데, 그 친구가 내내 언짢은 표정을 하고 있다고 해봅시다. 심지어 무슨 일 때문에 그러는지 말하지도 않는다고 해보죠. 그러면 처음에는 걱정되다가도, 점점 나까지 기분이 가라앉고 말 겁니다. '내가 괜히 불러서 그런가?'라는 자책을 하게 될 수도 있고요.

요컨대 가끔씩은 약한 모습을 보여도 괜찮다는 겁니다. 그게 오히려 내 마음도 편하게 하고, 내 주변 사람도 안심시키는 일이라는 거죠. 그러니 앞으로는 힘든 일이 있다면 속앓이만 하지 말고, 믿을 만한 사람에게 기대보세요.

타인의 생각을
지레짐작하지 마라

　혼자 생각하는 시간이 많아지면 남의 마음까지 지레짐작하게 됩니다.

　예를 들어 약속을 잡으려다가도 바로 행동에 옮기지 않으면 점점 '이 시간에 연락하면 실례겠지', '별로 나오고 싶지 않을 것 같아'라고 생각하게 되는 거죠.

　하지만 타인의 진짜 속마음은 알 수 없습니다. 따라서 혼자서 타인의 생각을 알아내려 애쓰는 건 아무 의미도 없는 일이죠. 또, 해야 할 일에 집중하지 못하고, 나쁜 상상만 거듭하며 나를 아프게 하는 행위일 뿐입니다.

실제로 부하직원들의 생각을 지레짐작하며 스트레스를 키운 S 씨의 사례가 있습니다.

S 씨는 늘 굳이 자기가 안 해도 될 일까지 도맡아 하고, 버거운 업무량으로 만성 스트레스에 시달리곤 했습니다.

'이런 일을 고참에게 맡기기에는 좀 미안하고, 신입에게 맡기자니 너무 힘들어할 것 같고…'

이런 고민 끝에 자신의 일거리로 만들고 말았던 거죠.

결국 S 씨는 도저히 버틸 수 없다는 생각이 들었고, 업무를 배분해야겠다고 마음먹었어요. 그런데 이번에는 또 다른 고민이 들었습니다.

'왜 나만 이렇게 바쁜 걸까? 그렇다고 이제 와서 부하직원에게 일을 나누면 무책임한 상사처럼 보이겠지…'

그러다 우연히 부하직원 한 명이 S 씨의 사정을 알게 되었고, 얼마 뒤 일을 자신에게 나눠달라며 자청했어요. 옆자리 신입사원도 "저도 같이 할게요!" 하며 나셨고요. 그렇게 S 씨 자신이 편해진 것은 물론이고, 부서 분위기도 한결 밝아졌다고 합니다. 즉 S 씨의 '부하 직원들에게 일을 할당하면 불쾌해할 것이다'라는 생각은 착각에 불과했던 것이죠.

만약 이처럼 남이 안 좋게 생각할까 봐 망설이고 있는 일이 있다면, 지레짐작하지 말고 그 사람에게 직접 물어보는 게 낫습니다. 만약 부정적인 답변을 받게 되더라도, 나를 더 힘들게 하는 막연한 걱정과 불안은 해소될 테니까요.

생각만으로는
아무것도 변하지 않는다

 행동력이 부족한 사람이 꼭 기억해야 할 사실이 있습니다. 바로 모든 행동에는 긍정적인 결과와 부정적인 결과가 함께 뒤따른다는 점이죠.

 예를 들어 내가 너무 힘들고 괴로워서 주변 사람들에게 도움을 요청한다고 해봅시다. 나를 기꺼이 도와주는 사람도 있겠지만, 분명 곤란해하며 거절하는 사람도 있을 겁니다. 또, 나를 도와주는 사람 중에서도 "보답할 필요 없어. 다들 그렇게 돕고 사는 거지"라며 대가 없이 베푸는 사람이 있는가 하면, 나에게 보상을 원하는 사람도 있겠죠.

즉 어떤 행동을 하든 '무조건 만족할 만한 결과'나 '무조건 실망할 만한 결과'가 나오는 일은 없는 겁니다. 결과에 만족하거나 실망할 가능성은 늘 반반이죠.

하지만 아무것도 하지 않으면 반드시 후회하게 됩니다. 반반의 가능성이 아니라, 확실한 후회뿐이죠.

혼자 해결할 수 있는 일이었다면 애초에 고민하지도 않았을 겁니다. 버틸 수 없을 만큼 힘들어지고 나서야 '고집부리지 말고 진작에 도와달라고 할걸' 하고 후회하게 될 가능성이 크죠. 혼자 끙끙 앓는 시간이 길수록 더 그럴 거고요.

따라서 고민되는 일이 있다면 일단 행동하고 보는 게 더 합리적입니다. 아무것도 하지 않을 때 좋은 결과가 나타날 확률은 0퍼센트고, 뭐라도 했을 때 좋은 결과가 나타날 확률은 최소 50퍼센트는 되니까요.

결과에 대한 막연한 두려움으로 스스로의 가능성을 가로막지 마세요. 생각만으로는 아무것도 변하지 않습니다.

행복도 불행도
내 손안에 있다

앞서 말했듯, 모든 행동에는 좋은 결과와 나쁜 결과가 함께 따르는 법입니다.

행동력이 부족한 사람은 이 사실을 알고 있어도 늘 후회하는 패턴을 반복합니다. 어떤 행동을 했다가 나쁜 결과가 나오면 '괜히 했어. 그냥 가만히 있을걸' 하고 후회하고, 아무것도 하지 않아 기분이 가라앉으면 '차라리 뭐라도 해볼걸' 하고 후회하는 거죠. 나쁜 결과만 과하게 신경 쓰다 보니 좋은 결과가 가져올 행복은 떠올리지 못하는 겁니다.

애초에 행동에 옮기기 전부터 좋은 결과와 나쁜 결

과를 따져보는 것도 큰 의미가 없습니다.

예를 들어 어떤 일에 실패하면 창피를 당할 거라(나쁜 결과) 걱정했지만, 막상 실패하고 나니 오히려 수많은 격려와 응원을 받을 때(좋은 결과)가 있습니다. 반대로 잘 되면 모두가 주목할 거라(좋은 결과) 기대했지만, 아무도 신경 쓰지 않는 경우(나쁜 결과)도 있죠.

따라서 우리가 고려해야 할 건 결과의 좋고 나쁨이 아니라 '내가 행동하기를 원하는지'입니다. 망설이고 후회하는 패턴을 반복하고 싶지 않다면, 스스로 결단을 내릴 줄 알아야 하는 거죠.

'행복이든 불행이든 내가 선택하는 거야!'라고 주체적으로 생각해 보세요. 이렇게 자신감을 가지면 행복을 얻었을 때는 마음껏 기뻐할 수 있고, 불행한 일을 겪더라도 금세 이겨낼 수 있을 겁니다.

마음에도
환기가 필요하다

'그때 할걸 그랬어', '하지 말걸 그랬어' 하고 지나간 일을 붙잡고 후회해 봤자 달라지는 건 없습니다. 그런 생각을 거듭할수록 마음만 무거워지겠죠. 또, 행동을 망설이게 되니 내 인생도 뒤처지고 말 겁니다. 대부분의 사람은 힘든 일은 금방 털어내고, 이미 새로운 일에 몰두하고 있을 테니까요.

물론 후회를 자주 하는 사람도 늘 무기력하게만 지내는 건 아닙니다. 직장에서는 처리해야 할 업무가 있고, 집에 있더라도 챙겨야 할 집안일이 있으니까요. 그런데 신기한 건, 해야 할 일이 코앞에 닥치면 우리는 순간적으로 울적한 기분을 잊는다는 겁니다. 당장의 일을 처리해야 한다는 생각에 정신이 쏠려서 지나간 일을 후회할 틈이 없어지거든요.

즉 해야 할 일이 생기면 우리의 마음은 스스로 환기를 합니다. 그렇다면 억지로 떠밀려 하는 일보다는, 내가 좋아하는 일을 하는 편이 훨씬 낫겠죠.

예를 들어 좋아하는 장르의 책을 읽거나 배우고 싶은 걸 공부하거나, 가볍게 산책을 나가는 것만으로도 기분은 훨씬 나아집니다. 사람을 만나거나 좋아하는 음악을 듣거나 영화를 보는 것도 좋은 방법이죠. 나를 즐겁게 하고, 지친 몸과 마음을 회복시켜 줄 수 있는 것이라면 무엇이든 괜찮습니다.

일상에서 답답함이 오래 이어지는 것 같다면, 잠시 멈춰 서서 나를 돌보는 시간을 가져보세요. 창문을 활짝 열면 답답했던 방 안의 공기가 순환되듯, 내가 좋아하는 일로 여가 시간을 채우면 마음도 한결 부드러워질 겁니다.

비가 그친 뒤엔
반드시 해가 뜬다

살다 보면 누구나 한 번쯤은 나쁜 감정에 휩쓸릴 때가 있습니다. 한껏 우울해져 집에만 틀어박혀 있거나, 이유 없이 불안해져 어떤 일도 손에 잡히지 않을 때도 있죠. 인간관계에 지쳐 누구와도 만나고 싶지 않을 때도 있고요.

그렇다고 해서 우리가 늘 그런 불쾌한 감정에만 사로잡혀 지내는 건 아닙니다. 예상치 못한 좋은 일이 생기면, 슬픔에 잠겨 있던 사람도 어느새 웃으며 기뻐하곤 하니까요.

사실 우리의 기분은 생각보다 쉽게 바뀝니다. 갑자

기 기분이 좋아진 이유를 떠올려 봐도 특별한 계기가 없는 경우가 많죠. 그만큼 우리 마음을 되돌려 놓는 건 아주 사소하고 흔한 일이거든요. 퇴근길에 동료와 가볍게 나눈 술 한 잔, 점심시간에 후배의 고민을 들어준 일처럼 별것 아닌 일들이 기분을 조금씩 바꿔줬던 겁니다.

이렇게 소소하지만 확실한 행복이 쌓이면 우리는 자연스럽게 기분 좋은 상태를 되찾습니다. 아무리 힘든 일을 겪어도 우리의 마음은 결국 이겨내는 거죠. 마치 비가 그친 뒤엔 반드시 해가 떠오르는 것처럼요. 그러니 스쳐갈 감정에 너무 신경 쓰지 마세요. 결국 다 괜찮아질 마음이니까요.

에필로그

일을 하다 보면 왠지 내 감정은 중요하지 않은 것처럼 느껴질 때가 있지 않나요?

요즘 사회는 숫자와 이익, 비용과 효율만 따지는 딱딱한 분위기로 흘러가고 있습니다. 일이든 인간관계든 이성적으로만 처리해야 성숙한 것이고, 감정을 드러내는 건 미숙한 것이라는 관념이 자리 잡아 버렸죠.

'흐트러진 모습을 보이면 안 돼.'

'다른 사람에게 의지해서는 안 돼.'

사회 분위기가 이러니 우리는 감정을 억누르고, 진심을 철저히 숨길 수밖에요. 하지만 감정은 사람에게 주어진 본능 중 하나입니다. 억누른다고 사라지는 게 아니라, 결국 어느 순간 폭발하고 마는 것이 감정인 거죠. 따라서 사회에서 감정을 억누르다 보면 스트레스가 가득 쌓여 의욕을 아예 잃거나, 분노를 터뜨리며 크게 싸우는 일이 생기곤 합니다.

즉 우리는 점점 이성적으로 변해가는 게 아니라, 감정에 서툴러지고 있는 겁니다. 이런 분위기가 계속된다면 사람과 사람 사이의 이해와 공감은 점점 사라지고, 각박한 사회가 되어 감정적으로 충돌하는 일이 오히려 잦아지겠죠.

이런 상황을 막기 위해서는 서로를 이해하려는 노력을 멈추지 않아야 합니다. 자신의 감정을 차분하게 표현하고, 타인의 마음도 헤아릴 줄 알아야 비로소 나쁜 감정에 휘둘리지 않는 사회가 되는 거죠.

그러려면 우리는 솔직하게 감정을 표현하는 것부터 시작해야 합니다.

예를 들어 기쁜 일이 생기면 '누군가는 나를 질투하겠지'라고 생각하기보다, '내 기쁨이 다른 사람에게도 전해지면 좋겠다'라는 마음으로 기쁨을 솔직하게 표현하는 겁니다. 물론 누군가는 나를 질투할 수도 있겠지만, 누군가는 내 기쁨을 이어받을 수도 있겠죠.

이렇게 자신의 마음뿐만 아니라 타인의 마음까지 헤아릴 줄 아는 사람이 늘어난다면, 우리 사회는 한층 더 따뜻해질 겁니다. 서로의 감정을 존중하고, 편히 마음을 나눌 수 있는 사회가 되기를 바랍니다.

어제의 기분으로 오늘을 살지 마라

초판 1쇄 발행 2025년 12월 08일
초판 2쇄 발행 2025년 12월 29일

지은이 와다 히데키
옮긴이 전선영
펴낸이 이부연
총괄디렉터 백운호
책임편집 임예은
표지디자인 스튜디오글리

펴낸곳 (주)스몰빅미디어
출판등록 제300-2015-157호(2015년 10월 19일)
주소 서울시 서대문구 충정로 35-17, 인촌빌딩 501호
전화번호 02-722-2260
인쇄·제본 갑우문화사
용지 신광지류유통

ISBN 979-11-91731-85-9 (03190)

한국어출판권 ⓒ (주)스몰빅미디어, 2025

- 이 책은 저작권법에 따라 보호받는 저작물이므로 무단 전재와 복제를 금지하며, 이 책 내용의 전부 또는 일부를 이용하려면 반드시 저작권자와 (주)스몰빅미디어의 서면 동의를 받아야 합니다.
- (주)스몰빅미디어는 여러분의 원고 투고를 기다리고 있습니다. 출판하고 싶은 원고가 있는 분은 smallbig@smallbigmedia.com으로 기획 의도와 간단한 개요를 연락처와 함께 보내주시기 바랍니다.
- 달콤북스는 (주)스몰빅미디어의 임프린트 브랜드입니다.

인간관계 때문에 힘들다면
먼저 나부터 보살펴야 한다

삶의 무게를 반으로 줄이는 마음 수업

★★★★★

2025년 대한민국 학술원 우수도서 선정 저자
이지영 교수가 알려주는 내 마음 사용설명서!

> 이 책을 통해 삶에서 가장 중요한 것은
> 내 마음과 소통하는 것임을 깨달았다!
> — KBS 아나운서 정용실 —

삶의 무게를 반으로 줄이는 마음 수업
내가 먼저 나를 아껴야 남도 나를 아껴준다

이지영 지음

문제가 나를 붙들고 있는 게 아니라, 내가 문제를 놓아주지 않는 것이다!

홀가분한 인생을 만드는 30가지 법칙!

★ 이 책을 꼭 읽어야 하는 사람들 ★

- 몇 년 전의 실수가 가끔 떠올라 얼굴이 화끈거린다
- 무례한 질문에 받아치지 못하고 집에 와서 후회한다
- 남한테 부탁하기가 부담스러워서 혼자 다 떠맡는다
- 오랫동안 연락 없던 친구가 내심 불편하지만 참는다
- 무기력 때문에 미루고 미루다 발등에 불이 떨어진다

나답게 살기 위한 30가지 삶의 태도
스쳐지나갈 것들로 인생을 채우지 마라

고은미 지음

인생의 파도가 부서질 때마다
그대라는 바다는 더욱 깊어진다!

삶의 파도에 휩쓸리는 사람들을 위한 붓다의 가르침

도쿄대학교 불교철학 박사, SBS 〈빅퀘스천〉 출연
20년 동안 붓다만 연구해온 정상교 교수의 역작!

★★★★★

" 처음에는 눈으로 읽고,
두 번째는 줄을 치며 읽고,
세 번째는 필사하며 읽었다. "

_ 40대 직장인 P씨

내 삶을 사랑하게 하는 붓다의 말
천 번을 부서져도 그대는 여전히 바다다

정상교 지음

> "인간관계로 힘들어하던 젊은 날의 나에게
> 시간 여행을 해서라도 이 책을 선물해 주고 싶다"
> _ 50대 직장인 K씨

혼자 잘해주고 상처받는 사람들을 위한 인간관계 수업

【 이런 사람에게 이 책이 필요합니다 】

· 가까운 사람과 매번 같은 문제로 다투는 사람
· 나만 잘해보려 애쓰는 관계에 이제 지친 사람
· 직장 내 인간관계에 피로를 크게 느끼는 사람
· 누군가와 함께 있어도 외로움을 느끼는 사람
· 소중한 사람과의 이별로 아파하고 있는 사람

관계에 휘둘리지 않고 나를 지키는 방법
너를 미워할 시간에 나를 사랑하기로 했다

윤서진 지음